1%의 가능성에 배팅하라

큐앤에스의 성공 스토리,
행동하는 CEO 최웅수의 일과 사람

1%의
가능성에
배팅하라

최웅수 지음

새빛

차 례

제1장 지금 행동하라

제2장 나는 사람이 좋다

제3장 과거는 성공의 출발점이다

제4장 새로운 도전을 즐겨라

제5장 내가 만난 최웅수

나는 젊은이에게 도전 받고 싶다

가끔 만나는 사람들이 당신은 어떤 사람이냐고 물어 보면 나는 이렇게 얘기한다.

"저는 사람을 좋아하고 일을 좋아하는 사람입니다."

나는 사람들과의 만남 속에서 정보를 얻고, 그 안에서 불쑥 생각나는 아이디어를 곧바로 사업으로 연결하는 경우가 많다.

나는 내가 생각해도 너무 평범하다고 생각한다. 그리고 각자가 가지고 있는 달란트는 누군가가 일깨워 주는 것이 아니라 부단한 노력과 고민 속에서 저절로 내 것으로 자리잡게 된다고 생각한다.

나는 책을 많이 읽지 않는다. 아니 너무 안 읽는다. 난 내가 맘에 드는 책 한 권을 읽고 또 읽는 스타일이다. 읽고 정리하고 적용할 부분을 메모하고, 그리고 그것을 실행으로 옮기는 것에 더 중점을 둔다. 물론 많은 책을 읽는 것도 좋겠지만 그것보다는 한 권을 읽더라도 완전히 내 것으로 소화시키는 게 더 중요하다고 생각한다.

올 초였던가, 출판사 사장이 나에게 책을 쓰자는 제안을 했을 때 나는 한 마디로 거절했었다. 내가 무슨 책을 쓰냐고, 그럴 정도도 안되고 아직 나는 성공하지도 않았고, 모자란 것도 너무 많다고. 말도 안 된다고...

그 때 그 사장은 내게 이런 얘기를 했었다. 벤처 붐이 불 때 너도 나도 할 것 없이 모두 IT 사업에 배팅하고, 그 후 거품이 사라진 후 지금은 무엇이 남았는지, 그렇게 잘 나가던 사람들이 지금 어떠한지, 이제 우리나라 젊은이들에게 꿈과 희망을 줄 수 있는 것이 무엇인지 고민이 된다고. 최사장은 마케팅이라는 무형의 상품을 가지고 여기까지 만들어 낸 사람인데, 이제 뭔가 해보겠다는 꿈을 가지고 있는 젊은이들에게 희망을 주어야 하지 않겠냐는 거였다.

물론 벤처 붐이 불 때 나는 당신들이 머리만 가지고 살 수 있는지 두고 보자, 팔 다리 없이 살 수 있는지 생각하며 IT 사업에만 집중되는 벤처 열풍을 씁쓸하게 바라보기도 했다.

사실 나는 나 자신도 잘 포장하지 못하는 사람이다. 그냥 내 생각대로, 내 스타일을 고집할 뿐이다. 만약 다른 사람을 마케팅하라면 참 잘 할 것 같은데 내 일에 있어서는 전혀 그렇지 못하다. 이랜드에서 직장 생활을 할 때 아쉬움이 있다면 그건 바로 내 자신에 대한 PR을 잘 하지 못했다는 것이다. 하지만 나는 후회는 하지 않는다. 왜냐하면 기업을 경영할 때도 사람을 사귈 때도 장거리로 생각했지 단거리로 생각하지 않았기 때문이다.

나는 전혀 잘나지도 않았고 앞으로 어떻게 될지도 모른다. 다만 오늘을 생애 마지막이라고 생각하고 열심히 살 뿐이다.

내가 아는 한 주먹하시는 형님이 어느날 뜬금없이 내게 이런 질문을 했었다.

"너랑 나랑 싸우면 누가 이기겠냐?"

진짜 싸우면 누가 이기는지 한판 붙어 보시자는 건가? 잠깐 엉뚱한 생각을 하고 있는데 그 형님이 웃으면서 이런 얘기를 하셨다.

"나는 싸움을 즐긴다. 그리고 앞뒤 안 가리고 덤빈다. 넌 아마 이것저것 생각이 많을 거다. 그래서 내가 이기는 거다."

정말 맞는 말이다.

나는 짧은 인생 속에서, 또 사업을 이끌어 가면서 매일 같이 도전하고 도전 받으면서 살아갈 것이다. 그리고 내가 기자들과 만나서 항상 하는 말이지만 "제가 겉 멋 들고 건방져 지는 날이 저희 회사가 쇠퇴하는 날입니다"라는 말처럼 스스로 자만심에 빠져들지 않도록 나를 긴장시키며 살고 있다.

나는 깨끗한 놈도 아주 도덕적인 놈도 아니다. 하지만 나는 열정과 초심을 잃지 않으면서 지금까지 큐앤에스에 올인 했다. 이제 그 열정을 다른 젊은이들과도 나누고 싶다.

이 시대를 살아가는 조금 늙은 젊은이로서 좀더 젊은 누군가에게 도전을 받고 싶은 심정으로 이 글을 정리한다.

제1장 지금 행동하라

즉시 하자!

학창 시절 새 학년이 된 첫 날, 외워야 할 것이 두 가지 있었다. 담임 선생님의 이름과 그 반의 급훈이다. 대개는 '노력하자'거나 '근면성실'로 대표되는 이 급훈은 담임 선생님의 성향을 금방 알 수 있는 코드였다.

큐앤에스의 사훈은 '즉시 하자!'다. 큐앤에스가 무슨 행동 대원들의 교육 기관이냐? 즉시 처리할 일이 그렇게 많은 회사냐? 이런 농담을 들어본 적도 있지만 아이디어가 떠오르는 순간 즉시 하지 않으면 못 견디는 내 성격을 아는 사람들은 고개를 끄덕인다.

나는 뭔가 아이디어가 떠오를 때면 그 한 가지 아이디어를 따라 줄줄이 쏟아지는 다른 생각들로 늘 숨이 찬다. 가끔 내 아이디어 주머니는 마치

'줄줄이 비엔나 소시지' 처럼 연달아 불쑥불쑥 튀어 오르기도 한다. 즉시 즉시 그 한 무더기를 해결해서 매듭을 짓지 않으면 그 줄줄이 아이디어는 터지고 마는 것이다. 회의를 하면서도 어떤 한 문제를 해결하지 않고 '다음에 생각해 보고 다시 논의합시다' 로 끝내지 않는다. 그 즉시 전화를 돌려 알아보거나 담당자에게 확인을 하고 넘어가야 직성이 풀린다. 생각날 때 그 즉시 행동으로 옮겨야 한다는 생각은 내가 사업을 시작할 때부터 지금까지 줄곧 나를 지탱해 준 경영 마인드이기도 하다.

처음 사업을 시작할 때도 그랬다. 아침 신문을 보다가 우연히 발견한 멤버십 회사 광고를 보고 기존에 있던 고객 멤버십 사업에 방향을 조금 바꿔 접근하면 전망 있을 거라는 믿음 하나만으로 그 즉시 사업을 시작했었다. 앞으로 우리 사회는 누구나 더 잘 살고 싶은 욕구가 늘어날 것이고, 여행이나 문화 생활을 더 좋은 조건으로 즐길 수 있는 다양한 고객 서비스를 한다면 사업적으로도 덤벼 볼만한 가치가 있을 것 같았다. 만약 그 때 내가 이것저것 알아보고 따져보고 고객 멤버십 사업이 결코 만만한 도전이 아니란 걸 계산했었다면, 그래서 며칠 주저하다 포기했더라면 지금의 결과를 가져올 수 있었을까?

어떤 일이든 즉시 행동으로 옮겨 보고, 그 결과를 직접 확인해야 마음이 놓이는 이런 돈키호테식 돌파력은 지금까지 내가 사업을 하면서 그나마 큰 무리 없이 많은 고비들을 넘게 해 준 힘이 되었다. 물론 즉시 돌진하는 내 성미 탓에 도사리고 있던 위험을 미처 발견하지 못하고 딱 마주칠 때도 있었다. 하지만 위험은 감수해야 한다. 그 위험들을 피해갈 궁리만 하다 가능성 있는 일을 놓치는 것보다는 부딪쳐 깨지더라도 부딪쳐 보는 게 더 낫다. 적당한 위험을 감수하는 것은 새로운 도전 의욕을 더 부채질해주기 때문이다.

세계 최대 야외 오페라 '투란도트 Turandot)'에 투자했을 때도 그랬다. 투란도트는 '97년 이태리 초연, '98년 중국 자금성 공연을 통해 전세계인의 이목을 집중시키며 대성공을 거둔 오페라다. 우리나라에선 2003년 5월, 월드컵의 열기가 생생하던 서울 월드컵 경기장에서 '2002 한.일 월드컵 1주년 기념' 행사로 펼쳐졌다.

처음 이 투란도트의 한국 공연에 투자 제의를 받았을 때 나는 주변의 많은 반대에 부딪쳤다. 워낙 대규모 행사였고, 아직 우리 회사가 감당하기엔 역부족이라는 것이 반대 이유였다. 물론 나도 그런 이유에 대해 공감하지 못했던 건 아니다. 하지만 도전해보고 싶었다. 공연이 순조롭게 진행되지 못하면 큐앤에스에도 막대한 피해가 올지도 모른다는 위험을 배제할 수는 없었지만 그렇다고 성공에 대한 가능성을 미련 없이 떨쳐버릴 수도 없었다. 출발선에서 뛰어보지도 않고 길이 멀고 험하다고 해서 주저앉아버릴 수는 없지 않은가. 주변의 반대와 특히 직원들의 반대는, 오히려 열심히 뛰어서 성공하면 큐앤에스는 한 단계 더 성장할 수 있으리란 내 확신에 불을 붙여주었다. 나는 즉시 모든 결정을 내렸고, 위급한 상황에 처할 때마다 역시 즉시즉시 그 문제를 해결하기 위해 노력했다. 그리고 투란도트는 성공했다.

가끔 직원들이 나를 행동대장으로 부를 때도 있다. 나는 행동대장 최웅수란 별명이 좋다. 요즘 같은 초스피드 시대에 생각해 보는 데 며칠, 이것저것 따져보는데 며칠씩 소비하면서 어떻게 기업을 꾸려갈 수 있겠는가. 사실 엄밀히 따지면 내가 이렇게 즉시 판단을 하고 문제를 해결할 수 있는 건 늘 뒤에서 열심히 뛰어주는 직원들이 있기 때문이다. 함께 순발력 있게 뛰어주는 직원들 때문에 내 '즉시 하자'의 효력은 더 커지는 것이다.

김 미현 골프 선수와 큐앤에스와의 만남도 이 '즉시 하자'의 정신 덕분이었다. 어느날 김 미현 선수를 다룬 TV 다큐멘터리를 보고 있을 때였다. 그녀가 미국에서 스폰서도 없이 어려움을 겪고 있는 장면이 방영됐다. 그 순간 나는 전화기부터 들었다. 김 선수를 도와주고 싶다는 생각 하나만으로 여기저기 수소문해 그녀의 아버지와 연결이 되었고, 김 선수 매니지먼트 위임 계약이란 새로운 일을 만들게 됐었다. 그 과정에서 나는 벤처 투자가를 만났고 자금을 투자 받으면서 사업이 한단계 더 성숙하는 결정적인 계기를 만들게 됐다.

나는 '언제 시간 되면 같이 식사나 하죠~' 식의 인사를 제일 싫어한다.

그 언제가 언젠데요? 나는 그 사람의 말이 끝나기도 전에 항상 들고 다니는 수첩부터 펼친다. 나와 함께 식사를 하고 싶은 사람이라면 분명히 나를 만나야 할 어떤 이유가 있을 것이고 그렇다면 그 언제쯤은 무의미한 말이다. 그냥 인사치레의 말이라면 차라리 하지 않는 게 더 낫다는 것이 그 언제쯤에 대한 내 생각이다.

그래서 나도, 큐앤에스의 직원들도 가급적 언제까지? 란 말을 쓰지 않는다. 언제까지 알아볼까요? 하는 질문 뒤엔 반드시 지금 즉시! 란 말이 뒤따라올 것을 잘 알고 있기 때문이다.

우물가에서 숭늉도 먹을 수 있다

'우물가에 가 숭늉 찾는다' 는 옛 속담이 있다. 성미가 몹시 급한 사람에게 흔히 하는 말이다. 하지만 이제 이 속담의 유효기간은 분명히 지났다. 자고 나면 어제와 달라지는 초스피드 시대, 치열한 경쟁시대에는 속전속결만이 살아남을 수 있다. 우물가에서 숭늉도 먹을 수 있다는 정신으로 달려들지 않으면 안 된다.

거미는 거미줄을 쳐놓고 먹이를 기다린다. 그래서 거미는 먹이가 걸려들 때까지 한없이 기다리고 있어야 한다. 하지만 꿀벌은 다르다. 꿀벌은 꿀을 따기 위해 쉴 새 없이 이 꽃 저 꽃을 돌아다녀야 한다. 집에서 꽃으로, 다시 이 꽃에서 저 꽃으로, 쉴 새 없이 행동하고 움직이지 않으면 먹이를 구할 수 없다.

나는 거미식 생활 방법보다는 꿀벌식 생활 방식이 훨씬 잘 맞는다. 거미줄을 쳐놓고 언제고 걸려들 그 날까지 느긋하게 기다리질 못한다. 물론 일에 따라, 성격이나 취향에 따라 어떤 방법을 선택하느냐는 것은 자유다. 하지만 분명한 것은 생각나는 그 즉시 뭔가 해결하지 않으면 그 아이디어는 단순히 아이디어에서 그쳐버리는 경우가 많다는 것이다.

사실 자신이 마음먹은 대로 행동에 옮긴다는 것은 정말 어려운 일이다. 반드시 하고야 말겠다는 의욕만으로 다 해결되는 일도 아니다. 실패에 대한 두려움도 극복해야 하고, 결과에 대한 책임을 져야 한다는 부담감도 떨쳐낼 수 있어야 한다. 하지만 작은 일부터 즉시즉시 꼼꼼하게 일을 처리하는 습관을 들이면 큰 일 앞에서도 절대 흔들리지 않는다.

말로는 어떤 일도 얼마든지 할 수 있다. 하지만 그 중 행동으로 옮기는 사람은 그렇게 많지 않다. 또 행동으로 옮긴 사람 중 성공할 수 있는 확률 역시 높지 않다. 그렇다고 말만 꺼내놓고 포기할 수는 없지 않은가.

벤처는 시간 싸움이다. 독특한 아이디어, 가능성이 보이는 사업 아이템이 눈에 띄면 물불 가릴 것 없이 달려들어야 한다. 부단한 도전만이 기회를 만들어주기 때문이다.

맨땅에 헤딩하다

나는 생각을 길게 하지 않는다. 갑자기 된장국이 먹고 싶다는 생각이 들면 바로 된장국 집으로 직행한다. 어디 된장국이 맛있는지 따지거나 먹으러 가자니 귀찮다거나 하는 생각은 전혀 하지 않는다. 오직 김이 모락모락 나는 된장국만 생각한다. 일을 할 때도 마찬가지다. 회의에서 안건이 정해지면 바로 알아보고 즉시 움직인다.

사람들은 급히 먹는 밥이 체하는 법이라고 하지만 내 생각은 그렇지 않다. 그건 19세기를 살았던 사람들의 방식이다. 21세기를 살아가기 위해서는 밥도 빨리 먹고 일도 기동성 있게 움직여야 한다.

나는 '91년 이랜드에 입사해서 안 해본 것이 없다. 기획에서 물류관리, 재고판매, 시장조사 그리고 영업관리까지 다양한 일을 했다. 나는 운이 좋은 편이었다. 내가 잘 할 수 있는 일을 찾을 수 있는 기회가 많았기 때문이다. 일을 배우고 경력을 쌓아가며 보낸 그 시간이 내겐 참 소중한 시간이었다.

내가 이랜드에서 다양한 경력을 갖게 된 데는 이유가 있다. 이랜드에 입사할 때 4명의 동기가 있었다. 입사 당시 모두 일에 대한 욕심도 많고 의욕도 넘치는 혈기왕성한 모습이었다. 그런데 우리가 경력을 한참 쌓아가던 시기에 4명 중 3명이나 디스크에 걸리고 말았다. 과중한 업무탓이었는지 허리에 무리가 간 것이다. 나는 그 모습을 보면서 적지 않은 충격을 받았다. 그즈음 내겐 뭔가 새로운 돌파구가 필요했다. 새로운 일을 하면서 나의 어떤 가능성을 찾고 싶었다. 그래서 나는 바로 '신규 사업 팀'에 지원했고, 신규 사업팀의 특성에 맞춰 다양한 일을 경험 할 수 있게 된 것이다.

이랜드에서 마지막에 근무했던 곳은 이벤트 사업부다. 현재 큐앤에스의 창업 멤버인 미자와 처음 일하게 된 곳도 이벤트 사업부였다. 미자는 일에 대한 열정을 갖고 있었다. 나는 그 일에 대한 끈질긴 열정이 좋아서 농담 반 진담 반으로 나중에 함께 사업하자는 얘기를 종종 했었다.

그러던 어느 날 아침에 출근해서 신문을 보다 우연히 '클럽 퍼펙트' 광고가 눈에 띄었다. 3만원만 내면 1년 동안 콘도 할인, 호텔 예약 등 각종 서비스를 이용 할 수 있다는 광고였다. 그 당시 콘도는 지금처럼 누구나 이용할 수 있는 곳이 아니라 돈 있는 사람들만 이용할 수 있는 곳으로 알려져 있었다. 그래서 3만원을 내고 회원 가입만 하면 콘도를 이용할 수 있다는 '클럽 퍼펙트'의 광고는 충분히 관심을 끌만한 내용이었다. 평소 내가 관심을 가지고 있었던 틈새시장이란 생각이 들었다. 내가 보기엔 멤버십 서비스 시장은 확실한 틈새시장이었다.

순간 열명이면 3십, 백 명이면 3백, 천명이면 3천만 원... 회원 수 대비 불어나는 돈 생각이 뇌리를 스쳤다. '일단 한번 질러봐?' 나는 영업엔 자신 있었기 때문에 회원수만 확보하면 문제될 게 없을 것 같았다.

"우리, 이런 거 하면 떼돈 벌 것 같지 않냐?"

"팀장님이 하면 뭐든 성공할 수 있을 것 같아요."

머리를 굴리던 내게 미자는 곧바로 이런 대답을 해주었다. 나는 미자의 얘기를 들으면서 바로 이거다 싶었다. 조금의 의심도 없이 해야겠다 마음먹었다.

내진김에 우리는 회사 이름도 지었다. '사업을 하면 어떤 이름이 좋을까?' 나는 혼잣말처럼 중얼거렸는데, 한참 생각하던 미자가 대뜸 큐앤에이! 하는 거다.

"Q&A 어때요? 뭐든지 물어보면 답해준다는 의미로."

나는 곰곰이 생각하다 무릎을 탁 쳤다.

"Question & Solution! 뭐든지 해결해준다! Q&S 어때?"

우리는 나중에 사업을 시작하면 회사 이름은 큐앤에스로 하기로 결정했다. 회사 이름엔 무엇보다 브랜드의 의미가 담겨지는 게 중요하다고 생각했기 때문이다. 여기에 '클럽 퍼펙트'의 '클럽'을 벤치마킹해서 '큐앤에스 클럽'으로 정했다. 나는 회사 이름에 대한 애착이 강하다. 코스닥 등록 때도 이름이 어렵다거나 네 글자도 길다는 등 주변에서 회사 이름을 바꾸자는 의견이 많았지만 나는 조금도 흔들리지 않았다. 큐앤에스란 이름과 생사고락을 함께 했기 때문이다. 지금 생각해 보면 윤곽도 안 그려진 회사에 이름부터 만들었던 게 무슨 운명처럼 느껴지지만 그 때는 당장 이름부터 만들고 나면 뭔가 시작할 수 있을 것 같은 기분이 들었던 것 같다.

그렇게 회사 이름을 짓고 얼마 되지 않아 나는 회사를 그만 두었다. 함께 일하던 미자도 나와 뜻을 같이 하기로 하고 사직서를 냈다. 신문광고를 본지 10일만의 일이었다. 나는 미자와, 이벤트 하면서 알게 된 나레이터 모델 혜영이와 셋이 일을 시작했다.

사표를 낸 후 퇴직금은 아내에게 전부 주고 내게 있던 돈은 이랜드에서 마지막 달 월급으로 받은 150만 원이 전부였다. 사무실 낼 돈도 없었다. 그 때부터 은근히 겁이 나기 시작했다. 무(無)에서 유(有)를 만들어 낸다는 것이 나에게 가능한 일인가. 이대로 30대 초반의 무능력한 백수가 되는 건 아닌가. 별의별 생각이 다 들었다. 나와 함께 하겠다고 직장을 버린 미자에게 못할 짓 한 것 같다는 생각에 잠도 오지 않았다.

그렇게 며칠 고민하고 있는데 혜영이로부터 반가운 소식이 전해졌다. 혜영이 삼촌이 사무실을 빌려 주겠다는 제안을 했다는 것이다. 혜영이 삼촌은 건축업을 하셨는데 낮에는 직원들이 다 외근을 하기 때문에 사무실의 자리를 채워줄 사람이 있으면 좋을 것 같다고 했다. 외부에서 사람들이 오면 누군가 활기차게 일하는 모습을 보여줄 필요가 있었던 것이다. 월세도 필요 없다는 말에 우리는 망설일 이유가 없었다. 며칠 밤 머리 속에 꽉 차있던 먹구름이 가시는 기분이었다.

언제 고민 했냐는 듯 뭐든지 할 수 있을 것 같은 자신감이 생겼고 무슨 일이든 술술 풀릴 것 같았다. 우리는 바로 이수 역 근처 허름한 3층짜리 건물의 사무실로 찾아갔다. 평수도 작은데다 건축 사무실이어서인지, 여직원이 없어서인지 사무실은 정돈돼 있지 않았다.

건축 사무실 직원들은 낮에 모두 외근을 했기 때문에 사무실 쓰는데 불편한 점은 없었다. 나는 그들에게 고마움을 표시 하고 싶었지만 무일푼으로 시작하는 마당에 마땅히 해 줄 수 있는 게 별로 없었다. 하지만 어떤 식으로든 내 마음을 전하고 싶어서 우리는 손님이 오면 차 대접도 대신하고 사무실 청소도 하고 전화도 대신 받아 주면서 밥값을 했다.

그리고 150만 원으로 책상 세 개와 전화 세 대를 놓았다. 처음 사업에 투입 된 돈은 그게 전부였다. 남의 사무실 한쪽 구석을 빌려 시작한 우리의 첫 사무실 생활은 그러나 그리 오래가지 않았다. 일이 본격적으로 시작되면서 회원가입 권유와 콘도 계약 등의 업무 때문에 전화에 불이 났던 것이다. 우리 때문에 사무실은 너무 시끄러워졌고 더 이상 신세도 질수 없었다.

우리가 다시 사무실에 대해 심각한 고민을 할 즈음 큐앤에스는 '쌍용화재'와 전략적 제휴를 할 수 있었다. 우리는 보다 원활한 업무를 위해 쌍용화재에서 대리점 명목으로 임대해 준 사무실로 옮겼다. 15평 정도 되는 작은 임대 사무실이었지만 처음으로 우리 사무실을 갖게 된 것이다.

사업을 시작하면서 매순간 나는 맨땅에 헤딩하는 기분이었다. 그것은 서울에서 부산까지 맨몸으로 걸어가는 일처럼 암담한 일이었다. 하지만 '인생에 있어서 한 번쯤 겪어봐야 하는 시련이야, 이것은 시련일 뿐 실패는 아니야.' 나는 매일 나에게 스스로 위안했다. 무일푼으로 시작하면서 나는 많은 것들을 배웠다. 그렇게 시작한 사업은 정말 맨땅에 헤딩하는 일의 연속이었다.

목표를 향해 돌진하라

나는 때론 일부러 약속을 한다. 나 자신에게도, 또 다른 사람에게도 약속에 대한 힘을 받고 싶어서다. 그리고 늘 지키기 위해 노력하고 또 대부분의 약속은 지켜왔다.

내가 하는 약속은 다양하다. 하루에 30분씩 운동하기 등 나와의 약속부터 직원들과의 약속까지 늘 약속을 하고 약속을 지키기 위해 노력한다. 나는 약속을 하면 꼭 지켜야 한다는 강박관념이 있다. 내게 있어 '약속'은 목표 설정과 같은 의미다. 어떤 일을 하는데 있어 꼭 해내겠다는 다짐 같은 것. 약속을 지키기 위해 노력하다 보면 아무리 하기 힘든 것도 그 근처까지는 갈 수 있다.

큐앤에스는 사업을 시작한지 6개월 만에 고객과의 일대일 마케팅에서 벗어나 기업과의 제휴마케팅을 하게 됐다. 나는 큐엔에스의 첫번째 제휴회사였던 'MBC 문화센터'와 제휴하면서 명함도 바꿨다. 타이틀은 'MBC 문화센터 생활문화 카드 서비스 대행 대표 최웅수'였다. 기업을 상대로 영업을 하면서 나는 회사의 인지도가 정말 중요하다는 것을 많이 느꼈다.

시작한지 얼마 안 되는 큐앤에스 명함은 만나는 사람들의 명함첩으로 들어가는 일이 없다. 왜냐하면 그들은 큐앤에스와 관계 될 일이 없다고 생각하기 때문이다. 나는 한 번 만났던 사람에게 명함을 한 번 더 건네는 일이 잦았다. 명함 앞에 큐앤에스보다 인지도가 높은 'MBC'를 내세운 명함을 다시 건넸던 것이다. 사람들이 보면 별 것 아닐 수 있지만 MBC가 붙은 명함은 이름도 생소한 큐앤에스 보다는 훨씬 더 공신력이 있다. 어떻게 보면 한 회사의 대표로서 자존심 상하는 일이라고 생각할 수도 있지만 그 때 나는 명함을 만들면서 직원들에게 한가지 약속을 했었다. 지금은 MBC란 글씨가 크지만 언젠가는 명함에서 큐앤에스가 차지하는 비중이 높아질 수 있도록 하겠다는 거였다. 나는 큐앤에스 단독이름으로 된 명함을 직원들에게 주고 싶었다. 그들에게 큐앤에스의 직원이라는 자부심을 느끼게 해주고 싶었다.

그렇게 약속을 한 나는 'MBC 문화센터 생활문화 카드 서비스 대행 큐앤에스' 에서 'MBC 미디어텍 씨네마 카드 서비스 대행 큐앤에스', 'SK 텔레콤 고객서비스 총괄 주관사' 를 거쳐 지금은 '큐앤에스' 라는 타이틀의 명함을 쓰고 있다.

 나는 그 때 오직 직원들과 한 약속을 지키기 위해 열심히 뛰었다. 약속은 목표를 향해 돌진하는 기반을 만들어 준다.

무대포 정신으로 시작한 큐앤에스

'**넘**비3' 영회에 보면 송광초 대사 중 이런 말이 나온다.

'계속 내려 치는 거야. 무조건… 어? 이 탱크 빠개질 때까지. 그 무대포 정신! 무대포.'

삼류깡패의 개똥철학이라고 생각할 수 있지만 나는 이 말에 공감한다. 사업을 시작할 때 나는 아는 것도 없고 아는 사람도 없었다. 정말 말 그대로 '무대포 정신' 하나로 멤버십 시장에 뛰어 들었기 때문이다.

아이템을 정하고 일을 시작하려고 보니 정말 아는 게 너무 없었다. 우리는 책상에 둘러앉아 '클럽 퍼펙트' 광고를 뚫어져라 쳐다봤다.

"그런데 이 회사는 어떻게 할인 서비스를 할 수 있는 거지?"

'97년 당시 멤버십의 개념은 일반화 되지 않았기 때문에 정보를 얻을 수 있는 방법이 많지 않았다. 한참을 고민하던 나는 일단 클럽 퍼펙트를 벤치마킹 하기로 했다. 우리는 클럽 퍼펙트 신문 광고에 써있는 그대로 여행, 웨딩 등 할인 서비스 컨텐츠를 구성했다. 간신히 컨텐츠는 짜놓았지만 문제는 그 다음에 더 많았다. 할인 서비스를 해줄 콘도와 여행사가 필요했던 것이다. 그런데 아는 게 아무 것도 없었다. 결국 우리는 무대포 정신을 발휘해서 일단 114를 통해 우리가 필요한 전화번호를 알아냈고 며칠을 전화만 돌렸다. 하지만 성과는 하나도 없었다.

그 당시 '콘도'는 지금처럼 누구나 찾는 휴양시설이 아니었다. 멤버십으로 운영되던 콘도 입장에서 보면 일반인 예약은 그다지 큰 매력이 아니었던 것이다. 그래서 전화로 설득하기가 더 힘들었다.

해결 방안을 찾던 우리는 일단 무조건 찾아가 담당자를 만나보기로 했다. 속초, 양평, 대천 등 콘도가 있는 곳이라면 무작정 찾아가서 '큐앤에스 클럽'에 대해 설명하고, 애원도 해보고, 찾아간 곳 또 찾아가면서 할 수 있는 노력은 다했다. 그렇게 해서 드디어 몇몇 콘도와 계약을 할 수 있었다. 이렇게 신나는 세상이 있구나! 나는 계약 서류를 들고 감탄하고 또 감탄했다.

콘도를 찾아 발로 뛰면서 나는 그 동안 몰랐던 사실도 한 가지 알게 됐다. 나는 콘도가 회원제로, 보통 일반인들은 찾을 수 없는 곳이라고 생각하고 더 집착했었다. 그땐 누구나 콘도 여행을 원했기 때문이다. 그런데 콘도 회원이 아니더라도 이용할 수 있는 방법이 있었다. 바로 '콘도 복덕방'을 통해서다. '97년 당시엔 콘도 예약 서비스를 하는 카드사나 멤버십 서비스가 없었기 때문에 콘도 주변에는 아파트 재개발 주변의 복덕방 만큼이나 콘도 복덕방이 성행하고 있었다. 콘도 복덕방은 회원권을 갖고 있는 사람과 콘도 이용을 원하는 사람을 연결해주고 수수료를 챙기는 방식으로 운영됐다.

나는 콘도 할인 계약을 위해 돌아다니다 어느 콘도 복덕방 사장과 친해져서 그에게 정보도 얻고 그의 콘도 복덕방을 이용해 직접 계약하지 못한 콘도에 대한 예약을 하기도 했다.

다행히 콘도 할인 계약을 몇 건 성사 시켰지만 일은 산 넘어 산이었다. 모르는 게 너무 많았다. 어떻게 하면 모든 일을 체계적으로 운영할 수 있을지 곰곰이 생각해봤지만 답이 안 나왔다. 그래서 생각한 것이 클럽 퍼펙트 직원과 친분을 갖는 거였다. 우리는 일단 클럽 퍼펙트에 전화해서 직원 한 명을 만났다.

처음 그와 만났을 때 우리는 같은 사업을 한다는 얘기 대신 할 예정이라고, 정보를 좀 구하고 싶다고 했고, 그는 친절하게 많은 노하우를 알려줬다. 그러다 밥도 같이 먹고, 술도 한 잔 하면서 친구처럼 친한 사이가 됐다. 나는 그와 친해지면서 상황을 솔직하게 설명했다. 처음엔 단지 정보 때문에 만났지만 함께 하는 시간 동안 정말 좋은 친구 같은 느낌이 들었노라고. 어렵게 꺼낸 얘기였는데, 누구나 처음엔 어려워서 서로 돕게 되는 거 아니냐는 그의 말에 나는 왠지 찜찜하던 기분이 털어지는 것 같았다.

그렇게 하나 둘 고객에 대한 서비스 준비를 했지만 가장 중요한 회원 가입 문제는 여전히 해결 할 수 없었다. 우선 우리는 직원 2명과 나까지 총 3명의 일가친척과 친구를 모두 가입시켰다. 친구의 친구도 가입시켰다. 하지만 이 방법의 한계는 바로 드러났다.

그래서 또 한번 무대포 정신을 발휘했다. 우리는 '롯데월드' 트레비 분수 앞에 설명 테이블을 차려놓고 지나가는 사람들을 한 명 한 명 붙잡아 멤버십 서비스를 설명하면서 설득시켜야 했다. 그렇게 해서 일주일 만에 2천명의 회원이 생겼다. 이제 정말 고지에 다 온 것 같았다. 돈 세는 일만 남았다고 생각하니 코끝도 찡해졌다. 그런데 정말 중요한 문제는 따로 있었다.

3천 원씩 받은 2천명의 회원이 생겼지만 그 회원은 1년 계약을 한 상태다. 나는 그 다음 해 회비를 받을 수 있는 방법에 대해 전혀 생각하지 못했던 것이다. 다음 해에 또 전단지를 뿌리고 한 사람 한 사람 설득 할 수도 있지만 이건 너무 무모한 방법이 아닌가. 지속적인 수입을 얻기에는 아주 불안정한 방법이었다. 유일한 해결방법은 'CMS서비스' 뿐이었다. CMS서비스는 고객의 통장에서 일정금액이 자동이체 되는 서비스다. 하지만 이 시스템을 이용하기 위해선 우선 금융결제원에서 승인을 받아야 했다.

CMS 승인을 받기 위해 금융결제원에 전화를 해봤지만 그 것도 쉬운 일이 아니었다. 담당자 얘기는 이렇다. CMS 시스템이 처음 생겼을 때는 승인 받기가 쉬워서, 고객 돈이 허락 없이 빠져나가는 등의 문제가 발생했다는 것이다. 그래서 규제가 강화되어 금융사 정도의 규모가 안되면 승인이 나지 않는다는 것이다. 직접 한 번 찾아오면 자세한 설명을 해주겠다는 담당자와 만날 약속날짜를 정했지만 그 날부터 또 머릿속이 복잡해졌다.

나는 CMS승인을 꼭 받아야 했다. 만약 CMS 승인을 받지 못하면 사업을 접어야 할지도 모른다. 밥 먹을 때도, 잠 잘 때도 CMS만 떠올랐다. 드디어 약속 날. 나는 무거운 마음으로 역삼동 금융결제원으로 향했다. 비까지 부슬부슬 내렸다. 신경은 곤두서고 비는 내리고 불안한 기분을 떨쳐낼 수가 없었다. 금융결제원에 들어서면서도 머릿속은 온통 CMS로 가득 차 있었다.

"안녕하세요? CMS 대표 최웅숩니다."

"저희가 CMS인데요."

담당자는 긴장된 내 얼굴을 보면서 웃었다. 며칠 전부터 단단히 준비했는데 결국 첫 인사 때부터 이런 실수를 하고 말다니! 명함을 내밀며 어쩔 줄 몰라 하는 내가 불쌍해 보였는지 그는 이것 저것 자세히 설명 해줬다.

"된다고 확실히 말할 수는 없지만 필요한 서류를 갖춰서 한 번 더 오세요."

그의 그 말 한마디가 너무나 고마웠다. 금융결제원을 나서는 발걸음이 가벼워졌다. 1%의 가능성만 있어도 할 수 있다! 성공은 99%의 노력에 의해 이루어진다는 말을 되새기며 우리는 하나하나 서류를 준비했다. 은행관련 서류에서부터 사업자등록증까지 필요한 서류를 준비하면서 정신 없이 일주일을 보냈다.

그 이후로도 나는 금융결제원에 서류를 넣고 한 달을 기다렸다. 그 한 달이 10년처럼 느껴졌다. 드디어 가슴 조리던 한 달이 지나고 CMS 승인 허가가 났다는 통보를 받았다. 그 담당자 말로는 큐앤에스 같이 작은 규모의 회사가 허가를 받은 건 이례적인 일이라고 했다.

만약 그 때 CMS 승인 허가가 나지 않았다면 아마 사업을 포기했을지도 모르겠다. 그랬다면 지금의 큐앤에스도 없었을 거다. 나는 그 때부터 모든 일에 자신감을 가졌다. 정말 무대포 정신으로 하루하루 버텨내던 시절이었다.

정공법으로 승부하라

무슨 일이든 하던 사람이 더 잘하기 마련이다. 하지만 대개의 사람들은 그 일에 익숙해지면 다른 것에 도전하려고 하지 않는다. 한가지 일에 길들여져서 현실에 안주하게 되면 결국 그는 매너리즘에 빠지고 말 것이다.

내가 만약 이랜드에서 쌓아온 경력만 믿고 그 곳에 안주했다면 나는 지금 어떤 모습일까? 아마도 그 분야의 전문가는 될 수 있었겠지만 다른 맛은 느껴보지 못한 채 그 상황에 그냥 머물러 있을 지도 모른다.

나는 사업을 시작하면서 늘 정면승부로 도전했다. 그 것은 한 치 앞도 보지 못하는 어둠 속에서 빛을 찾아내는 희열 같은 거다. 내가 사업을 시작 했을 때는 멤버십 서비스 자체를 이해하지 못하는 사람이 많았다. 그래서 사업을 설명하다 보면 사기꾼으로 보는 사람도 있었다. 설명할 기회가 주어지는 건 그나마 다행이고, 빌딩의 경비들에게 아예 잡상인 취급을 받기도 했다. 우리는 부딪치고 깨지면서 하나하나 결과물을 만들어 갔다.

나는 일을 하면서 인맥을 동원하거나 요행을 바라지 않았다. 그냥 열심히 했다. 정정당당하게 정면 승부하는 방법을 택한 것이다. 나는 아무 것도 없는 곳에서 맨발로 부딪치면서 겁나는 게 없어졌다. 어떤 어려움이 닥쳐도 문제될 건 없었다. 부딪치고 깨지고 엎어지면서 나도 모르는 사이에 서서히 자신감의 가지가 자라고 있었던 것 같다.

일본 '에도시대' 초기 화가이자 무사인 '미야모토 무사시'의 〈고린노쇼〉에 보면 정공법에 대한 행동지침이 있다. 첫째 칼의 길이에 연연하지 말아야 한다는 것, 내가 얼마나 많은 사전지식을 갖고 있느냐 보다는 얼마나 깊은 열정을 갖고 있느냐가 중요하다는 것이다. 열정은 어떤 문제에 부딪쳐도 헤쳐 나갈 수 있는 힘을 주기 때문이다.

둘째 요령보다는 정석대로 밀고 나가라는 것을 강조한다. 내가 처음 콘도 예약 가맹점을 모집하기 위해 직접 발로 뛰지 않고 누군가의 도움을 받았다면 모든 게 쉽게 얻어졌을지도 모른다. 하지만 쉽게 얻은 것은 그만큼 쉽게 잃게 된다. 복권에 당첨된 돈은 쉽게 쓸 수 있지만 열심히 땀

흘려 번 돈은 천 원짜리 한 장에도 손 떨게 하는 것과 같다.

마지막으로 현실적인 문제를 중요시 하라는 것이다. 정공법에는 뜬 구름 잡는 식의 계획은 필요 없다. 즉시 일을 성사시키기 위한 방법을 생각해내고 바로 행동에 옮기는 것이 중요하다. 어려운 것은 안 하고 힘든 것은 피하려고만 한다면 갖고 싶은 것을 가질 수 없고 하고 싶은 것을 이룰 수 없다. 성공하고 싶다면 정면 승부수를 던져라.

튀는 아이디어로 승부하라

고 인 물은 썩는다. 앞으로의 계획 없이 현실에 안주하면 발전은
없다. 자기 발전을 위해 지속적인 노력을 하는 사람만이 성공과
영광을 얻을 수 있다. 사업을 하는데 있어서도 마찬가지다. 내가 양말 공
장을 한다고 해서 평생 양말만 만들 필요는 없다. 셔츠를 만들 수도 있고
속옷을 만들어 팔 수도 있는 거다.

이런 생각으로 나는 고객 한 사람, 한 사람을 상대로 하던 멤버십 서비
스 사업을 업그레이드 시켰다. 바로 기업과의 제휴를 통한 고객 서비스
다.

처음 사업을 시작할 때 나는 멤버십 서비스를 하기 위해 회원을 모집하
고 콘도, 여행사 등과 할인 서비스 관련 계약을 맺었다. 그러나 고객에게

할 수 있는 서비스에 필요한 준비를 하면서 개개인을 상대로 멤버십 서비스를 한다는 것은 한계가 있다는 생각이 들었다. 무엇보다 회원을 모집하는 일이 가장 큰 일이었다. 지금은 인터넷을 통해 회원 수를 늘릴 수 있지만 그 당시에는 인터넷이 일반화 되지 않았기 때문에 전단지를 뿌리거나 사람들을 만나 설득하는 방법으로 다리품을 팔아야 했다. 그렇게 하루 종일 걷고 또 걷고 열심히 회원 수를 늘려봤지만 쉬운 일이 아니었다.

그래서 생각한 방법이 특정 회원을 갖고 있는 회사와의 제휴였다. 그즈음 고객서비스 대행 회사가 조금씩 생기기 시작했고, 대부분의 회사들은 고객 서비스를 대행하는 회사에게 일정금액을 내고 고객 서비스를 의뢰하고 있었다. 그 당시 경기가 좋지 않아서 사람들은 할인에 관심이 높았고 고객을 가진 기업도 고객을 다른 곳에 빼앗기지 않기 위해 멤버십 서비스가 필요했던 것이다.

나는 다른 고객 서비스 회사와 똑 같은 방법으로 사업제안을 할 수는 없었다. 사업을 시작한지 얼마 되지 않았고 이렇다 할 인맥을 동원 할 수도 없었기 때문에 경쟁력을 가질 수 있는 새로운 영업 방법을 생각해야 했다. 그래서 나는 조금 다른 방식으로 접근했다.

고객서비스 대행을 맡기고자 하는 기업 회원을 큐앤에스에 오픈 해주면 그 회원을 통해 수익모델을 찾아 이익을 내겠다는 제안이었다. 그리고 그 수익은 그 회사와 일정 비율로 나누면 된다. 내가 제안한 방법을 마다 할 곳은 없었다. 고객서비스 대행을 무료로 해주고 심지어 수익을 나눠 갖자고 하는데 누가 마다하겠는가. 상대는 손해 볼 게 전혀 없는 제안이었다.

이런 방법을 가지고 우리가 처음 찾아간 곳이 바로 MBC문화센터였다. 우리는 MBC 문화센터 회원을 대상으로 큐앤에스가 그 동안 고객을 상대로 했던 멤버십 서비스를 응용해서 수익을 낼 수 있는 방법을 찾아냈다. 'MBC 문화센터 생활문화 카드'를 만들어 활용하는 방법이다. 나는 그 카드를 만들어 회원들에게 일정금액의 회비를 받고 기존의 콘도 예약부터 여행, 레포츠, 이벤트 등을 서비스하는 것으로 수익을 올렸다.

생활문화 카드가 성공을 거두자 나는 특정 회원들을 가지고 있는 기업의 리스트를 작성했다. 그리고 늘 그래왔듯이 무작정 제안서를 들고 기업을 찾아 다녔다. 하지만 그렇게 노력한 결과는 그리 성공적이진 않았다. 수 십 군데의 기업에 제안서를 들고 뛰어 다녔지만 호응해주는 곳보다 거절하는 곳이 더 많았다. 다행히 '한국경제 신문'의 '한경 인재뱅크'에서 우리의 제안을 받아주었을 뿐이다.

하지만 이런 고객 대행 서비스로 버는 수익은 사무실 월세 내고 직원들 월급 주기에도 빠듯했다. 그래서 웨딩샵이나 사진 스튜디오, 헤어샵 등을 모아 신문 광고 대행 일도 함께 했다. 각각의 업체가 광고를 내려면 광고 부담이 크기 때문에 큐앤에스를 통해 한꺼번에 광고를 하면 업체는 광고 비용을 절감하고 우리는 수수료를 받는 방식이었다.

광고 대행을 하면서 나는 또 한가지 아이디어를 찾아냈다. 고객에게 보내는 우편물 안에 광고 전단지를 함께 넣어 보내는 방법이었다. 그 때 나는 직원과 함께 차를 타고 가다 이 아이디어를 어디에 제안 하면 좋을까를 생각하고 있었다. 한참 여기저기를 생각하던 내 눈에 한국통신(KT) 건물이 들어왔다. 나는 무작정 차에서 내려 KT 건물로 향했다. 사업을 시작하고 나서 그나마 내가 의지 할 수 있었던 건 배짱뿐이었다.

나는 일단 고객 서비스 팀장을 만나 큐앤에스가 하는 일에 대해 설명했다. 고객 서비스 팀장은 자기네 일이 아니라며 다른 쪽 팀장을 소개해 주었고, 나는 그가 소개해준 다른 부서로 가서 고객 서비스 팀장 소개로 왔다고 말했다. 그 사람은 고객 서비스 팀장과 내가 잘 아는 사이인 줄 착각했을 거다. 나는 굳이 설명 하지 않았다. 은근 슬쩍 그런 척 하면서 사업제안서를 놓고 우리가 하려는 일에 대해 설명했다. 그렇게 나는 엉뚱하게 한국통신과 우편물 광고 계약을 성사 시켰다. 그 일을 계기로 나는 'KT카드 멤버십' 총괄서비스 대행을 할 수 있었다.

나는 일을 하면서 늘 연계 될 수 있는 수익모델을 찾기 위해 노력한다. 고객 개개인을 상대로 하던 멤버십 서비스를 기업과의 제휴로 이루어지는 고객 서비스로 발전시킬 수 있게 된 것도 이런 내 생각 때문이다. 함께 연결시켜 수익모델을 찾기 위해 노력한 것은 지금의 큐앤에스가 국내 최고의 고객 서비스를 할 수 있게 된 발판을 만든 방법이었다.

그 이후 큐앤에스는 SK텔레콤의 TTL 멤버십 서비스를 비롯하여, 한화증권의 VIP서비스, BC카드 회원 서비스, SK신세기 통신 아이짱 멤버십 서비스 등 국내 유명한 기업의 멤버십 서비스 관리를 대행했다.

또한 큐앤에스는 얼마 전 삼성카드와 영화 할인 예매 서비스 부문의 제휴를 맺었다. 삼성카드 무비존을 통해 큐앤에스의 주력 사업 중 하나인 '무비OK'의 영화 예매 할인 서비스를 제공하는 것이다. 나는 삼성카드와의 제휴를 통해 영화 할인 예매 서비스 외에 영화 마케팅 사업을 추진할 계획이다.

이제 큐앤에스는 국내 최대 규모의 고객 서비스 관리 대행사가 됐다. 하지만 나는 아직 정상에 올랐다고 생각하지 않는다. 지금부터가 시작인 것이다. 나는 기업과의 제휴를 통해 만들 수 있는 마케팅 방법을 찾기 위해 끊임없이 노력 할 것이다.

N세대의 혁명!
TTL의 성공

어렸을 적 어머니는 공부 잘하는 친구와 노는 것을 좋아했다. 어머니 생각으로는 공부 잘하는 친구와 함께 있으면 덩달아 나도 공부를 잘하게 될 거라고 생각하신 거다. 사실 그렇다. 공부 잘하는 친구 옆에 있으면 그 친구의 영향을 받아 공부하는 재미를 느낄 수도 있고 성적도 자연히 오를 수 있다. 마찬가지로 잘 노는 친구와 함께 있으면 그 친구의 유혹에 쉽게 빠질 수 있다. '노는 물이 다르다'는 말도 있지만, 솔직히 나는 노는 물이 중요하다고 생각한다.

나는 SK텔레콤 멤버십 고객 서비스 대행을 하면서 본격적인 서비스 대행 시장에 눈을 떴다. 큐앤에스에게 SK텔레콤은 제2의 도약의 발판을 마련해 준 기업이다. SK텔레콤은 큐앤에스와 내겐 아주 특별한 인연이다.

SK텔레콤은 일간 스포츠 광고 영업 담당자인 최양구 대리를 통해 알게 됐다. 그는 '98년 큐앤에스가 MBC문화센터 생활문화 카드 고객 서비스를 하고 있었을 때 만난 친구다. 그 당시 나는 웨딩 관련 이벤트 광고를 위해 그를 만났다. 그는 나를 좋게 봤는지 술 한 잔 하자고 했다. 사실 나는 술을 잘 못한다. 그래서 술 자리에서 술을 즐기기보다는 이야기를 많이 나누는 편이다. 우리는 술을 마시며 사업 얘기부터 개인적인 일까지 많은 이야기를 나눴다. 그와 나는 요즘 애들 말로 코드가 맞았다. 그래서 우리는 호형호제하는 사이가 됐다. 그러던 어느 날 그가 뜬금없이 전화를 했다.

"형, 내가 SK텔레콤 들어갔다가 형 얘기 했는데 한 번 만나 볼래?"

그 친구 덕분에 SK텔레콤 012 담당자를 만났다. 그 즈음 SK텔레콤은 호출기를 사용하는 고객을 위해 새로운 고객 서비스 방법을 찾고 있었다. 그 당시 호출기는 학생들이나 젊은 사람들이 많이 사용할 정도로 대중화 되어 있었다. 나는 그 젊은 고객에게 어떤 서비스를 할 수 있을까 고민하다 할인쿠폰을 스티커처럼 제작해서 쓸 수 있는 방법을 제안했다.

"고객은 멤버십 카드를 만들거나 할인쿠폰을 일일이 뜯어서 사용해야 합니다. 아주 불편하죠. 하지만 스티커로 제작해서 호출기 뒷면에 붙여놓으면 아주 간편하게 할인혜택을 받을 수 있습니다."

나는 그 동안 내가 호출기 DM을 받아 보면서 생각했던 것들을 정리해서 설명했다. SK텔레콤 012담당자는 '그거 말 되네'라며 다시 만나 구체적인 의논을 하자는 반응을 보였다. 미팅이 끝나고 돌아오는데 그 담당자가 다시 나를 찾았다. SK텔레콤 011리더스클럽 담당자들에게도 고객 서비스 방법에 대해 다시 한 번 설명을 해달라는 거였다.

다음날 나는 그 동안 생각하고 있던 아이디어를 정리해 SK 텔레콤 담당자들과 다시 만났다. 고객서비스 아이디어를 설명하면서 나는 스티커 할인쿠폰 이야기도 건넸다. 그런데 반응이 좀 시큰둥했다. 011 고객들에게 스티커 할인쿠폰은 조금 유치한 것 아니냐는 담당자의 말에 나는 바로 멤버십 카드 없이 핸드폰으로 멤버십 서비스를 받을 수 있는 '7000번 서비스' 아이디어를 제시했다.

"리더스클럽 회원은 핸드폰 자체를 이용한 서비스가 좋을 것 같습니다. 고객이 좀더 쉽게 서비스를 이용할 수 있어야 하니까요. 핸드폰을 이용해서 콘도 예약부터 항공 예매 등의 서비스를 이용할 수 있도록 하는 거죠."

이 제안은 바로 실행에 옮겨졌다. 이 일을 계기로 처음 고객서비스 대행 인연을 맺으면서 큐앤에스는 SK텔레콤과 좋은 파트너로 일하게 됐다.

'99년도는 호출기가 점점 사라지고 016, 018, 019 PCS가 보급되던 시기였다. PCS 이용자는 점차 늘어나는 추세였고 특히 젊은이들 사이에서도 인기였다. 그러나 SK텔레콤의 고객들은 사업을 하는 사람이거나 나이가 많은 특정 연령대의 고객들이 많았다. SK텔레콤은 위기를 느낄 수밖에 없었다. 그래서 젊은 층의 고객을 확보하기 위해 멤버십을 구상하고 있었는데, TTL은 바로 이러한 멤버십을 가장 중요한 마케팅 전략으로 내세우려고 했다.

SK텔레콤 측에서 볼 때 젊은 고객을 확보한다는 것은 쉬운 일이 아니었다. 일단 PCS 가격에 비해 고가인 핸드폰 가격과 젊지 않은 SK텔레콤의 이미지 때문이다. 그래서 SK텔레콤은 젊은이들이 자주 가는 음식점이나 영화관, 게임방 등 할인 혜택을 줄 수 있는 다른 방법을 찾고 있었다.

하지만 SK텔레콤은 다른 통신업체처럼 다양한 계열사를 갖고 있지 않아서 젊은 고객들에게 할인혜택을 줄 수 있는 것도 별로 없었다. 그래서 SK텔레콤은 젊은 고객이 즐겨 찾는 T.G.I나 베니건스, 토니로마스 같은 대형 음식점 할인 혜택을 성사시키는 서비스 대행 회사에게 TTL 고객 서비스 사업을 맡기려고 했다.

SK텔레콤은 큐엔에스와 다른 고객 서비스 대행 회사에 똑같은 조건을 걸고 경쟁을 붙였다. 나는 다른 회사들보다 늦게 경쟁에 참여했지만 열심히 뛰었다. 그런데 T.G.I를 시작으로 이름있는 프랜차이즈 음식점을 돌아다녀봤지만 다들 꿈쩍도 하지 않았다. 도리어 SK텔레콤과 할인 서비스를 제휴하자고 여러 군데서 다녀갔다며 귀찮다는 반응이었다.

우리는 밤낮없이 뛰어 다녔다. 시간은 촉박해지고 더 이상 대안은 없었다. 다른 고객 서비스 회사들도 조금씩 포기하는 눈치였다. 고객 서비스 대행 회사를 선정하기로 한 날이 이틀 밖에 남지 않았지만 여전히 성과는 없었다. 직원들 입에서 이제 포기하자는 말이 새어 나왔다. 하지만 나는 포기 할 수 없었다. 분명 핸드폰이 호출기처럼 대중화 될 것이고 브랜드 파워가 막강한 SK텔레콤 멤버십 서비스 대행은 확실한 사업이었기 때문이다. 내게 찾아온 두 번째 기회 아닌가. 나는 지금 당장 손해를 보더라도 분명 더 큰 이익을 낼 수 있을 것이라고 확신했다. 결단을 내려야 했다. 일단 해 보자. 중간에 포기하는 건 내 자존심이 허락하지 않았다.

그리고 나는 T.G.I의 담당자를 만나 T.G.I가 가질 수 있는 수익 예산을 꼼꼼히 설명해 주었다. 그리고 T.G.I에서 할인해 준 금액의 일정액을 서비스 회사가 보전해주겠다는 제안을 했다. 무관심하던 T.G.I 담당자는 나의 노력에 관심을 보이더니 드디어 제휴 결정을 내렸다. 계약이 성사된 것이다. 두 회사간의 필요를 서로 나누어 매출 극대화를 줄 수 있는 제휴 마케팅. 나는 이것이 제휴 마케팅의 진수라고 생각한다.

큐앤에스는 음식점 할인 외에도 전국 30여 개 극장과 제휴를 맺어 영화 할인 서비스도 함께 할 수 있도록 했고, PC방 서비스도 함께 시행했다. 이렇게 다양한 컨텐츠로 큐앤에스는 TTL 고객 서비스 대행 사업을 확실하게 할 수 있었다.

당시 SK텔레콤은 젊은 고객을 확보하는 게 쉽지 않을 것이라고 생각했던 것 같다. 하지만 TTL 가입자는 3개월 만에 80만 돌파 기록을 세웠다.

경이로운 기록을 달성하기는 했지만 사실 큐앤에스는 TTL 고객 서비스 대행을 시작한 후 2년 동안 적자를 면치 못했다. 고객 서비스의 질을 높이기 위해서 좀더 다양한 방법을 기획해야 했고, 여러 가지 준비에 모든 것을 투자했기 때문이다. 그 한 가지 방법으로 우리는 회원인증 시스템을 갖춘 단말기도 제작했다. '회원인증 단말기'는 SK텔레콤 회원인지 아닌지를 확인해주고 고객의 포인트 점수를 즉시 확인 할 수 있는 시스템이다. 이 단말기는 일반 신용 카드 단말기보다 회원 인증을 받는 시간을 훨씬 단축시켰다. 우리는 전국 각 영화관과 PC방, 음식점 등에 단말기를 설치해서 고객 서비스의 질을 한단계 높였다. 이외에도 큐앤에스는 더 좋은 서비스를 위해 패스트푸드점 할인에서 영화관 할인, 게임방 할인 등 다양한 고객서비스 혜택을 주기 위해 아낌없이 투자했다. 그 결과 2년의 적자 끝에 3년 차 되던 해부터 흑자재정으로 이끌어 갈 수 있었다.

고객 서비스는 음식과 다르다. 음식을 선택할 때 향수가 느껴지는 붕어

빵이나 옛날 자장면 찾는 경우도 있지만 서비스를 받는 고객은 시간이 흐를수록 더 좋은 질의 서비스를 원한다. 서비스에 퇴보란 없다. 나는 고객 서비스에 관한 한 절대 뒷걸음치지 않았다. 오직 앞만 보며 달려야한다고 생각했다.

큐앤에스는 SK텔레콤 멤버십 서비스를 시작한지 올해로 6년째다. 오랫동안 지속된 인연으로 SK 최태원 회장과 내가 친인척이라는 루머가 한 때 주식시장에서 떠돌기도 했었다. 하지만 난 그런 소문에 흔들리지 않았고, 기분 나빠 하지도 않았다. 사실이 아니기 때문이다.

또, 주위 사람들 중엔 큐앤에스가 SK텔레콤과 재계약을 하지 못하면 회사 재정 상태에 문제가 올 것이라고 생각하는 사람들도 있다. 하지만 큐앤에스는 이미 다른 수익구조를 갖고 있는 회사다. 또한 SK텔레콤과도 지속적으로 파트너십을 발휘할 것이다.

고객 서비스 대행 회사는 이벤트 회사와는 분명히 다르다. 이벤트는 단발성 프로그램이기 때문에 다음 해에 다른 회사와 일을 할 수도 있다. 하지만 고객 서비스 대행은 그렇지 않다. 고객 서비스 대행은 다양한 이벤트와 가맹점 개설 뿐만 아니라 고객의 불편한 사항이나 문제점을 해결해 주는 서비스 콜센터 운영도 함께 하고 있기 때문이다.

현재 큐앤에스와 SK텔레콤은 전략적인 파트너 십을 자랑하고 있다. 그리고 나는 SK텔레콤을 한번도 남이라고 생각해 본 적이 없다. 우리 회사라고 생각하고 있고, 그러다보니 더 많은 애정과 열정을 쏟아붓게 되는 것 같다.

큐앤에스는 SK텔레콤 멤버십 관리를 위한 전략을 세우고 그 전략을 제안하고, 또한 서비스 콜센터를 통한 종합적인 고객의 소리를 가장 일선에서 귀담아 듣는다. 우리는 고객 서비스에 있어서 일정 부분의 고객 서비스를 하는 것이 아니라 종합적인 고객 서비스를 대행해 주고 있는 것이다. 이렇게 큐앤에스는 SK텔레콤과 멤버십 서비스의 향후 전망부터 경쟁사 분석까지 함께 고민하고 함께 해결해 가는 파트너 십을 돈독하게 다져 나가고 있다.

앞을 내다보는 안목을 키워라

로 또 붐이 일면서 '인생역전' 이라는 문구가 사람 마음을 흔든다. 어차피 한 번 사는 인생 언젠가 쨍 하고 해 뜰 날 있겠지 하는 건 누구나 꿈꾸는 일이다. 하지만 하늘에서 뚝 떨어지는 돈벼락을 맞는 일이 어디 그리 쉬운 일인가. 나는 복권 당첨 근처도 가보지 못했지만 인생역전이 이런 거구나 싶은 적이 있었다.

'99년 SK텔레콤 TTL 서비스 대행을 맡게 된 큐앤에스의 한 직원이 의욕이 너무 앞선 나머지 큰 실수를 한 적이 있다. 그 당시 우리는 극장 할인 서비스 가맹점을 확보하기 위해 열심히 극장을 찾아 다니고 있던 중이었다. 그 중 신촌의 A극장은 SK텔레콤이 할인 혜택을 받을 수 있었으면 하고 바라는 극장 중 하나였다. A극장은 우리가 원하는 젊은 층이 많이 찾는 곳이었기 때문이다. 이런 사실을 잘 알고 있던 큐앤에스의 직원이 SK텔레콤 담당자에게 A극장 할인 서비스를 할 수 있다고 큰 소리 쳤던 것이다. 그는 무대포 정신으로 여기까지 왔는데 못 할 게 없다는 생각을 했던 지도 모르겠다. 그런데 막상 부딪쳐 보니 쉬운 일이 아니었다.

A극장은 신촌에 있는 극장 중 가장 관람객이 많은 극장이었다. 극장주는 멤버십이나 할인 서비스를 왜 해야 하는지 모르겠다며 쓸데없는 소리 한다는 반응을 보였다. 그 당시 멤버십 서비스는 많이 알려지지 않았기 때문에 그를 설득하기 힘들었다. 게다가 A극장은 감나무 밑에서 입만 벌리고 있어도 감이 쉬지 않고 떨어지는 판이어서 더 어려웠다.

나는 도저히 A극장 할인은 안 되겠다 싶어서 SK텔레콤에 연락을 했다. 신촌에 있는 B극장으로 하자는 제안을 하기 위해서다. 그런데 SK텔레콤은 이미 A극장 할인으로 TTL런칭 포스터를 모두 제작했다는 것이다. 전국에 뿌려질 포스터 및 홍보물 제작비만 수억 원이었다. 전화를 끊고 나는 잠시 멍하니 길 바닥에 서있었다. A극장을 설득하는 것은 하늘에 별 따기였다. 그렇다고 수억은 먹고 죽을래도 없었다. 나는 A극장주에게 다시 한 번 매달릴 수밖에 없었다. 바쁘다는 핑계로 만나주지도 않던 극장주를 극장 앞에서 마주쳤다. 나는 사장 손을 덥석 잡으며 말했다.

"도와주십시오. 사장님께서 기회를 주지 않으시면 저희 회사는 망합니다."

"수업료 비싸게 냈다고 생각하게. 난 그럴 생각 없네."

극장주의 이런 냉담한 말에도 아랑곳하지 않았다. 나는 무릎 꿇고 한번 더 부탁했다. 하지만 사장은 요지부동이었다. A극장 할인 서비스를 포기해야 하는 상황까지 와버린 것이다.

나는 SK텔레콤에 들어가 솔직하게 이런 상황을 설명했다. 그리고 제작된 포스터에 대한 책임을 지겠다고 말했다. 다행히 SK텔레콤은 그 상황을 이해해 주었다. 우리는 포스터와 홍보물의 A극장 할인 글씨 위에 B극장 할인 글씨 스티커를 붙이기로 합의했다. 나는 아르바이트생을 구하고 직원까지 총 동원 해서 밤새 스티커 붙이는 작업을 했다. 웃지 못할 헤프닝은 그렇게 마무리 됐다.

그런데 얼마 전 수업료를 엄청 낼 뻔하게 만들었던 A극장에서 큐앤에스로 연락이 왔다. 극장 할인 서비스 계약을 하자는 것이다. 피식 웃음이 났다. 이런 게 인생역전 아닌가. 나는 그들에게 말해주고 싶다. 눈 앞에 이익만 계산하지 말고 앞을 내다 보는 안목을 키우라고.

사업을 하면서 새로운 것을 받아들이는데 인색하면 안 된다. 그 곳에 또 다른 기회가 나를 기다리고 있을지도 모르기 때문이다.

영화 예매 전쟁의 승리자, 무비OK(www.movieok.co.kr)

나는 영화 매니아는 아니다. 하지만 영화를 보면서 사람 사는 맛을 느끼거나 사회의 흐름을 파악할 수 있는 시간을 즐기는 편이다. 나는 영화를 통해 사업의 큰 줄기를 점검하기도 한다. 고객들이 선택하는 영화의 스타일과 유행에 따라 민감한 사회의 트렌드를 찾을 수 있기 때문이다.

영상매체 시대, 그것도 영화에 대한 폭발적인 사람들의 관심과 인터넷 사업을 연계해야 한다는 생각은 사업을 시작하면서부터 내가 반드시 풀어야 할 숙제였다.

'동영아트홀' 경영 관리와 동영아트홀의 회원제 영화관람 서비스인 '씨네몽'의 운영은 그 숙제를 푸는 기초 공부였다. 또 비록 실패로 끝났지만 인터넷 사이트인 '엔티즌'의 운영도 큰 도움이 되었다.

 이런 여러 가지 실수와 경험들을 토대로 드디어 나는 2001년 영화 예매 사이트인 무비OK(www.movieok.co.kr)를 오픈했다. 당시 큐앤에스는 SK텔레콤, SK 오케이캐시백 등의 회원 관리 서비스 대행으로 구축된, 전국 최고의 영화관 네트워크를 보유한 회사로 꼽히고 있었다. 하지만 인터넷의 본격적인 보급과 함께 점차 확장되는 온라인 영역을 확보하기 위해서는 이런 오프라인 네트워크에만 만족하고 있을 수는 없었다. 그래서 나는 무비OK를 개설하고 본격적인 온라인 사업에 뛰어들었다.

 처음 도메인을 정할 때 '더 무비스' 등 직원들의 다양한 아이디어가 있었지만 나는 인터넷 이용자들이 부르기도 쉽고 단번에 기억할 수 있는 이름으로 무비OK를 제안했다. 에스케이, 오케이캐시백 등 이미 익숙한 브랜드와 연계 시켜 생각해낸 아이디어였다. 그런데 인터넷 홈페이지를 검색해보니 이미 누군가 이 도메인을 갖고 있었다. 나는 그를 직접 만나 www.movieok.co.kr을 돈 주고 샀다.

 막상 시작은 했지만 무비OK 사업에 힘을 실을 수 있는 여건은 아니었다. 그 땐 코스닥 등록 등 무비 오케이보다 더 급한 일이 많았고 나는 여러가지 사업을 다각화 시켜 큐앤에스의 입지를 굳히는데 더 집중하고 있었다. 그러는 사이에 무비OK를 담당한 실장이 4번씩이나 바뀌는 혼란을 겪어야 했다. 하지만 시간이 흐르면서 무비OK는 정상 궤도에 오를 수 있는 경험들을 축적해나갔고 한단계 업그레이드 할 수 있는 도약의 기회를 그 내부로부터 끊임없이 준비해오고 있었다. 내공이 쌓여간 셈이다. 인터넷 사업은 그 무엇보다 인내가 필요하다는 것을 깨달았던 시간이었다.

그리고 지난해 10월, 극장 할인 서비스와 무비OK 온라인 예매 시스템을 강화하기 위해 토탈 티켓팅 시스템 업체인 '키네시스'에 투자 했다. 극장 시스템 및 전산망 구축 업체인 키네시스에 투자하면서 무비OK는 영화 관람권 발권 시스템을 구축할 수 있게 되고, 그것을 통해 극장 예매 실시간 서비스 등으로 고객들에게 최상의 서비스를 제공할 수 있게 됐다. 이것을 기점으로 전국적인 오프라인 극장 네트워크와 온라인 인프라를 연계 시켜 국내 최초로 온. 오프라인 종합 극장 서비스를 선보이고 싶었던 것이다.

키네시스에 투자하기 전까지 무비OK는 인터넷 영화 예매 사이트 중 안전한 꼴찌였다. 실시간으로 발권할 수 있는 시스템을 갖추고 있지 못했기 때문에 당연히 꼴찌를 할 수 밖에 없었다. 실시간 시스템이란 영화를 관람하기 2시간에서 20분 전까지 인터넷으로 예매만 하면 예약 번호 확인 후 현장에서 관람권을 받을 수 있도록 해주는 시스템이다. 만약 이런 시스템을 갖추고 있지 않으면 아주 번거로운 절차를 거쳐야 한다. 영화를 보기 위해 관람객이 인터넷의 예매 사이트를 통해 예매를 하면 극장과 인터넷 사이트 운영자 사이에 팩스 등의 방법으로 별도의 커뮤니케이션이 이루어져야 한다. 그래야 고객이 극장을 찾았을 때 관람권을 줄 수 있는 것이다.

보통 발권 시스템을 운영하는 회사가 각 극장에 발권 시스템을 구축해놓으면 예매 회사는 그 시스템을 이용하면 된다. 하지만 그 시스템을 독점하기 위해 예매 사이트들이 벌이는 경쟁은 아주 치열하다.

그 당시 키네시스의 모체 기업이었던 저스트 커뮤니케이션은 예매 업무를 담당하는 회사 없이 발권 업무만 하고 있었다. 그러나 경영난이 심각해지자 이곳 저곳에 회사 인수를 요청했고 최종적으로 무비OK가 키네시스에만 투자하기로 한 것이다. 그러나 키네시스에 투자하기까지의 과정은 정말 치열했다. 무비OK를 견제하던 모사이트로부터 갖은 협박과 방해를 받고 결국 그 문제는 법적으로까지 번졌다. 물론 법적인 공방은 무비OK의 승리로 끝났다.

하지만 그것으로 문제가 다 마무리된 것은 아니다. 키네시스의 발권 시스템을 사용하는 예매 사이트들이 무비OK가 키네시스에 투자하자 키네시스에게 주게 돼있는 예매 수수료를 전혀 주지 않았던 것이다. 우리는 여러 차례 협조를 요청하고 문제를 원만하게 해결하기 위해 많은 고민을 했다. 그러나 문제는 쉽게 해결되지 않았다.

만약 키네시스가 부당한 예매 사이트들의 발권 업무를 중지시키면 당장 극장의 반발이 생길 수도 있다. 극장의 입장에서는 키네시스의 발권 시스템을 사용하지 않고 다른 발권 회사의 시스템을 사용한다고 할 수도 있는 것이다. 그래서 적잖은 압력이 들어왔다. 더구나 그 때까지 국내 최대 예매 사이트로 자부하던 모사이트는 키네시스가 그런 무모한 결정을 내리지는 못할 것이라며 은근히 입김을 불어넣기도 했다.

2004년 설날을 3일 앞두고 나는 모사이트와의 발권 업무에 대해 최종적인 결론을 내려야 했다.

"이제 더 이상은 안돼요. 그 동안 키네시스의 손해를 감수하면서까지 그 예매 사이트가 처리할 수 있는 시간을 충분히 준 것 같습니다. 내일부터 키네시스의 발권업무 중지 조치를 해당 사이트에 통보하세요."

나는 키네시스의 최 명환 본부장을 불러 내 입장을 전달했다. 하지만 그의 반대도 완강했다.

"사장님, 절대 안됩니다. 그러면 이제 우리는 끝입니다. 그런 중지 결정을 선택하시면 저는 퇴사하겠습니다."

무비OK가 키네시스를 투자한지 얼마 안됐을 때여서 그는 정말 겁이 난다는 얘기도 덧붙였다. 그의 우려도 물론 공감하지 못하는 것은 아니었다.

그러나 결국 우리는 공정한 관계를 설정하기 위해 그 동안 키네시스의 발권 시스템 사용료를 지불하지 않은 예매 사이트의 발권을 중단할 수밖에 없었다. 예매사이트로서는 큰 타격이 되는 결정이었지만 공정한 거래에 대한 상도(商道)를 지키기 위해 우리로서도 어쩔 수 없는 일이었다. 물론 그 결정은 키네시스로서도 위험이 따르는 결정이었다.

나는 걱정하는 직원들에게 나를 믿어달라는 말로 그들을 안심시키려고 노력했다.

"키네시스가 정당한 걸 요구한 겁니다. 상대가 파워 있다고 해서 힘에 밀려 그냥 눈 감을 수는 없는 겁니다. 나를 한번 더 믿어 주십시오. 무비OK의 홍보도 강화하고 서비스의 질도 높여 키네시스가 흔들리지 않도록 만들겠습니다. 만약 잘못되면 제가 모든 것을 책임지겠습니다."

모든 것을 책임지겠다는 각오로 덤벼들었던 때문일까, 극장들의 움직임도 없었고, 무비OK가 삼성카드와 제휴를 맺으면서 극장수가 더 많이 늘어났다. 우려했던 만큼의 큰 동요 없이 잘 마무리된 것이다. 현재 무비OK의 영화 예매 서비스를 받을 수 있는 해당 극장수가 전국 900여 개관에 이를 정도다.

무비OK는 2003년 11월, '스포츠 조선'이 선정한 '2003 인기 웹사이트 대상'에서 시간당 방문자수 상승률 최대를 기록한 것을 인정 받아 인기 웹사이트 대상으로 선정됐다. 무비OK를 찾는 고객들은 저렴한 예매 수수료와 취소 수수료가 무료라는 점, TMS(티켓 메시지 서비스) 등의 서비스를 장점으로 꼽는다.

더구나 이동통신사의 멤버십에 가입하고 신용카드를 가지고 있는 회원은 두 번 할인을 받는 등 파격적인 할인으로 영화를 관람할 수 있어서 무비OK를 찾는 관람객들의 수는 더욱 증가 추세에 있다.

이제 무비OK는 영화 예매사이트 부문 1위 자리로 올라섰다. 무비OK 사이트를 개설한지 4년 여 만의 일이었지만 무비OK 내부적으로 힘을 키워 업계에 본격적인 도전장을 내민 지 6개월만의 일이었다.

무비OK 1위 기록은 때를 기다릴 줄 아는 인내와 도약할 수 있는 타이밍을 찾아내는 감각 그리고 공격적인 홍보의 힘! 이 세 박자가 잘 매치됐기 때문에 이루어진 아주 기분 좋은 결과다.

시너지 효과를 노리는
새로운 방법으로 접근하라

영화 관객 1000만 명 시대! 최근 국내 영화산업은 그 어느 때보다 호황을 누리고 있다. '쉬리' 이후 '공동경비구역 JSA'와 '친구'가 단숨에 관객수의 기록을 바꿨고, '실미도'와 '태극기 휘날리며' 같은 대형 영화가 큰 화제를 일으키며 드디어 영화 관객 1000만 명 시대를 연 것이다.

최근엔 각종 국제 영화제에서 굵직굵직한 상을 휩쓸기도 하고 그에 따른 해외 수출의 결과도 대단한 성적을 기록하고 있다. 이제 한국 영화 시장은 본격적인 글로벌시대를 맞았다.

한국 영화 산업의 성장 가능성은 앞으로도 무한하다. 나는 무비OK를 본격적인 궤도에 올려놓기 위해 뛰어다니면서 예매 시장에 큰 관심을 보였고, 그 속에서 새로운 개념의 투자에 흥미를 느꼈다. 스타 감독, 내가 좋아하는 영화배우를 위해 관람객들이 미리 프리티켓을 구입하고 그 자본금으로 영화에 투자하는 방법이다. 가령 '강제규 감독의 작품을 기다리는 고객들의 성원 티켓'이라든가 '영화배우 김하늘을 사랑하는 사람들'이 모여 만든 일종의 영화 펀드인 셈이다. 고객들은 자신이 사랑하고 밀어주고 싶은 감독이나 배우의 작품에 미리 티켓을 구매 함으로써 투자를 할 수 있고, 그 영화는 일정 수준의 관객수를 확보한 상태에서 제작을 시작하게 된다.

무비OK는 극장과의 관계 속에서 미리 확보된 관객수를 가지고 관람료 등을 조정할 수 있다. 또 그 과정에서 생기는 수익은 보다 나은 고객들에 대한 서비스에 투자될 수 있는 것이다. 나는 2001년 영화 '화산고' 제작 과정에서 영화 펀드 가입이라는 새로운 개념의 서비스를 고객에게 제공했던 경험을 살려 '내가 좋아하는 영화 만들기'를 진행해 보고 싶다.

같은 성향, 같은 뜻을 가진 고객들이 마음으로 모여 후원해주는 영화! 이것이 내가 꿈꾸는 영화 관련 CRM 마케팅이기도 하다.

어느 정도의 수준을 넘어선 영화의 승패는 홍보와 마케팅이 좌우하게 된다. 특히 최근 들어 이런 홍보와 마케팅의 중요성은 더욱 강조되고 있다. 나는 무비OK 성공의 몇 가지 요인 중에 '1+5 홍보 전략'을 꼽는다.

그것은 무비OK 홍보를 할 때 무비오케이만을 위한 단독 홍보는 별 효과가 없을 거라는 생각에서 내가 고안해낸 방법이다. 눈에 확 띄는 재료를 써서, 수십 개의 지면 광고 중 무비OK도 눈에 띌 수 있게 하는 방법!

나는 '무비OK가 권하는 영화'란 제목으로, 관심을 끌만한 영화를 선정하고 그 포스터와 함께 할인 받을 수 있는 각종 카드 안내와 극장 안내 등을 함께 싣는 지면 광고를 제작했다. 이 신문 전면 광고는 대단한 효과를 거두었다. 적극적인 홍보가 필요한 영화 제작사는 '무비OK가 선정한 영화'라는 타이틀을 걸고 홍보할 수 있는 기회가 되었고, 각종 카드사와 극장까지도 큰 홍보비 들이지 않고 신문 전면 광고를 함께 할 수 있게 된 것이다. 서로 부딪치는 아이템들이 아니기 때문에 같이 광고를 해서 윈-윈(win-win) 할 수 있는, 더 큰 효과를 거둘 수 있었던 것 같다.

단 한번의 광고로 무비OK, 영화사, 카드사, 멤버십 할인 서비스를 제공하고 있는 이동통신사, 극장 그리고 이런 종합적인 정보를 접할 수 있는 고객까지 모두에게 도움이 될 수 있는 이 홍보 전략이 보여준 시너지 효과는 새로운 영화 광고 전략을 펼치는데 큰 도움을 줄 것이다.

매출 100억 원
달성하던 날

사는 게 전쟁 같다지만, 나는 사업을 시작한 이후 늘 전쟁터에 홀홀 단신 서있는 신참 군인처럼 불안하고 힘들었다. 사업을 시작한지 얼마 되지 않아 터진 IMF사태, 끊임없이 추락하는 우리 경기, 미친 듯이 불 붙었다가 한꺼번에 쓰러진 벤처 열풍, 거기에 2001년 미국 테러 사태까지 겹쳐 경기침체의 늪은 갈수록 더 깊어지기만 했다.

각 기업은 더욱 허리띠를 졸라맸고 고객 서비스를 기본으로 하는 우리 회사 사업의 전망은 그리 밝지 않을 수밖에 없었다. 우선 먹고 사는 것도 힘이 드는데, 무슨 서비스를 챙길 여지가 있겠냐는 거다.

하지만 항상 위기는 기회와 같이 다닌다. 어려운 때일수록 과감한 투자를 하면 좋아졌을 때 그 결과는 더 폭발력을 가질 수 있는 것이다. 경제

사이클은 언제나 침체와 상승의 곡선이 반복된다. 나는 이런 생각으로 사업을 더 확장했다. 마침 핸드폰의 수요가 급증하고 IMF 사태로 인해 할인에 대한 고객들의 요구가 증가하면서 큐앤에스는 늘어난 멤버십 카드 고객에 대한 서비스 대행 사업을 정착시킬 수 있었다.

2001년 9월, 우리는 드디어 매출 100억원을 돌파했다. 9.11테러로 국내외 경기가 불안한 때여서 100억을 달성했다는 뿌듯함은 더욱 컸다. 회사를 설립한지 만 4년 만에 이룬 결과였고 더구나 특별한 기술을 기반으로 한 회사가 아니라 고객 서비스라는 독특한 아이디어 하나로 만든 벤처 기업이 이룬 결과였기 때문에 그 의미는 더욱 큰 것이었다.

나는 이런 결과를 가져올 수 있게 노력해준 직원들과 함께 이 날의 기쁨을 같이 나누고 싶었다. 마침 한가위를 앞두고 있었던 때라 그 어느 때보다 풍성한 잔치를 하고 싶었다. 회사가 발전할 수 있도록 개인의 모든 것을 희생해준 직원들에 대한 내 믿음과 애정을 함께 나누고 싶었던 것이다.

'100억 기념 백설기 떡 절단식' 으로 시작된 행사와 함께 나는 여러 가지 이벤트를 준비했다. 직원들이 단순히 행사에 참여하는 것만으로 그치지 않고 그 잔치를 같이 즐기면 좋을 것 같았다. 축하 떡 속에 금반지 5개를 숨겨놓고 찾는 직원들에게 금반지를 주는 '백설기 속 금반지를 찾아라' 는 떡도 먹고 금반지도 가져갈 수 있어서 직원들이 아주 즐거워 했던 이벤트였다.

우리는 '200억 희망의 풍선'을 날리며 앞으로 우리가 해야 할 일에 대한 다짐도 함께 나눴다. 특히 '100억 달성 기념 큐앤에스 백일장 대회'를 통해 100억 달성의 의미를 다시 한번 느끼게 해준 인터넷 팀의 공 희준 씨의 1등 수상 수필은 아직도 내 마음에 남아있다. 지금 그는 개인적인 사정으로 회사를 그만 두었지만 나는 가끔씩 그가 남겨놓은 수필을 들춰본다.

100억은 단순한 100억이 아니라 0.01조원이라는 것, 그것은 우리가 가지고 있는 총체적 역량의 가능성 중에서 0.01%라는 극히 미미한 부분만을 발휘하고 있는 것이라는 그의 지적은 앞으로 우리가 펼칠 무한한 가능성에 대한 격려로 들렸다. 우리에게 숫자로 나타난 100억은 단순히 뿌듯한 100억이 아니라 이 것을 기점으로 다시 출발하는 힘을 모을 수 있는 기회가 된 것이다. 하지만 이제부터 시작이다. 큐앤에스는 100억 달성에 안주 하지 않고 앞으로 문화 엔터테인먼트 기업으로서 1조원 달성을 목료로 전진 할 것이다.

2001년엔 큐앤에스가 각종 상을 받는 행운도 겹쳤기 때문에 우리들의 사기는 더욱 높아 있었다. 그 해 큐앤에스는 중소기업청과 한국경제신문이 주관한 '30대 창조기업'으로 선정됐고, 한국능률협회에서 주관한 '최우수 벤처기업대상 엔터테인먼트 부문 최우수상'을 수상했으며 기술

신용보증기금으로부터 '우량기술 기업'으로 지정되는 등 우리의 노력을 객관적으로 인정 받았다.

우리는 2004년 큐앤에스에서만 550억 원의 매출을 올리는 등 자회사를 포함하여 전체적으로 1,000억 원 매출을 목표로 하고 있다. 목표에 관한 내 꿈은 크지 않다. 다만 나는 뒷걸음치지 않는 기업을 만들고 싶다는 것 뿐이다. 앞으로 직원들은 내게 또 얼마나 벅찬 감동을 줄 것인가, 나는 그들에게 얼마나 큰 선물을 할 수 있을까, 나는 매일 이런 게임을 한다.

〈100억이 아니라 0.01조원이다〉

'엽기적'이라는 수식어만으로는 설명하기 힘든 끔찍한 테러사건이 부른 짙은 전쟁의 암운이 세계를 감싸고 있는 2001년 가을은 우리에게 어떤 의미로 다가올 수 있을까? 개개인이 처해있는 상황과 느끼는 감정에 따라 그 뜻이 천양지차일 수는 있겠지만 코페르니쿠스의 명제와도 같이 한가지 부인할 수 없는 사실은 우리 회사의 매출이 100억 원을 돌파했다는 것이다.

9,999,999,999원과 100억 원의 물리적, 경제적 차이는 대단히 미미하다. 그러나 100억이란 숫자가 발산하는 레토릭의 울림은 9,999,999,999가 던지는 무미건조한 수치의 기계음과는 도무지 비교되지 않는 파문을, 듣는 이의

잠재의식 속에 깊고 넓게 여울지게 한다.

어릴 적부터 받아온 교육의 영향 탓에 우리가 10진법의 셈법에 관습적으로 익숙하다는 점만을 사람들이 특정한 숫자에 각별한 의미를 부여하는 이유로서 제시하기에는 뭔가 허전하고 부족하기만 하다. 아마도 여기에는 자연적이건 인위적이건 특정한 계기를 마련함으로써 지나온 과거를 반추하고 현재의 좌표를 점검하며 미래의 비전을 전망하려는 인간 본연의 소망과 염원이 담겨있는 듯이 보인다.

굳이 대외적인 여건을 들먹이지 않더라도 전반적인 경제상황이 IMF 사태를 전후한 시기의 혼조와 침체로부터 벗어나지 못하고 있는 지금 CRM이라는 특화 된 사업영역에 꾸준히 매진함으로써 올린 100억 원의 매출에 우리 모두는 약간의 과장과 조금의 오버를 보태어 실로 벅차 오르는 감회에 휩싸이지 않을 수 없다.

입사한지 8~9개월 여 밖에 안된 내가 이러한 쾌거와 낭보에 대한 진단(?)과 원인 분석을 하는 것은 마치 동네야구 투수가 메이저리그 20승 투수의 투구 분석을 하는 것처럼 터무니없는 일일 수는 있겠지만 100억 원의 매출에 작으나마 기여를 한 직원의 한 명으로서 외람되나마 약간의 훈수와 의견을 던지고 싶은 충동을 억누를 수 없다.

작든 크든 우리 회사와 인연을 맺은 사람들마다 이구동성으로 하는 말들은 무척이나 빠르다는 것이다. 그러나 나는 '빠르기'에 앞서 '바르기'가 있었음에 주목하고 싶다. 꼼수보다는 외골수가, 천재보다는 모범생이 궁극적인 승리자로 남는다는 만고불변의 진리는 정보통신의 시대에 광속의 속도로 살아가는 테헤란로의 기업들에게도 예외 없이 통용되는 철칙이다.

장대한 만리장성이 헤아릴 수 없을 만큼 수많은 작은 벽돌들로 이루어져 있듯이 100억이라는 숫자 속에는 고뇌의 시간 속에서도 결단의 순간에 주저하지 않았던 최고경영자의 과감한 추진력과 녹록하지 만은 않은 근무환경 아래서도 매순간 최선을 다했던 임직원들의 땀과 노력이 어우러진 빛나는 보석 같은 성과들이 녹아있는 것이다.

그럼에도 불구하고 우리는 결코 100억이란 매출에 만족할 수는 없다. 70여 명의 직원이 산출하는 부가가치가 박 찬호 하나가 1년 동안 벌어들이는 연봉 액수보다 적기 때문만은 아니다. 우리가 가지고 있는 무한한 잠재력과 강철같은 도전의지에 비춰볼 때 100억이란 돈은 광활한 들판에서 갓 여물기 시작한 작은 낟알 하나에 불과하기 때문이다.

우리 회사의 매출은 100억 원이 아닌 0.01조 원이라고 단언하고 싶다. 우리는 지금 우리가 가지고 있는 총체적 역량의 가능성 중에서 0.01%라는 극히 미미한 부분만을 발휘하고 있는 실정인 것이다.

흐르지 않는 물은 썩기 마련이고 달리지 않는 자전거는 쓰러지는 법이다. 우리 모두가 앞으로 어떠한 비전과 꿈을 가지고 얼마만큼의 노력을 기울이느냐에 따라서 지금의 매출 100억 원은 정상에 올려놓자마자 다시 굴러 떨어진

돌을 산 위로 올리기 위해 끊임없이 쏟아 부어야 하는 시치프스의 고되고 지루한 노역이 될 수도 있으며, 아니면 수십 명의 홍군(紅軍)만으로 10억 인의 인민을 아우르는 거대한 대륙의 주인이 되어 천하를 호령했던 모 택동이 걸었던 대장정의 첫 발자국으로 역사에 영원히 자리 매김 될 수도 있을 것이다.

- '100억 달성 기념 큐앤에스 백일장 대회' 1등 수상 수필 중에서.

코스닥으로 가는 길

아무리 보잘 것 없는 것이라 하더라도 한 번 약속한 일은 정확히 지켜야 한다. 한 번 약속을 어기면 그만큼 서로의 믿음이 약해지기 때문이다. 코스닥 우회 등록은 주주와의 약속으로 시작해서 에스아이테크 직원들과의 약속으로 이어졌다.

나는 주주들과의 첫 만남 때 큐앤에스를 코스닥 기업으로 만들겠다는 약속을 했었다. 코스닥 등록은 주주들과의 약속이면서 나 자신과의 약속이기도 했다.

코스닥은 등록 회사가 되는 것을 말한다. 주식회사가 발행한 주식이나 채권이 여의도 코스닥 증권시장에서 사고 팔릴 수 있도록 자격을 부여한다는 의미다. 공증된 증권시장에서 주식을 사고 팔 수 있다는 것은 일정한 수익성과 재무 상태가 투명하다는 것을 말해준다. 이것은 올바른 기업이라는 것을 증명해 주는 것이다.

코스닥 등록을 하기 위해서는 갖춰야 할 것이 많다. 일단 회사 설립 후 일정기간이 경과해야하고 주식을 발행해서 모은 자본금이 어느 정도 기준에 맞춰져야 한다. 그런데 이러한 요건을 갖추더라도 주식이 여러 사람에게 분산돼 있지 않으면 안 된다. 몇몇 사람에게 주식이 집중되어 있으면 주식거래가 작아서 원활해질 수 없고 따라서 주식이 제대로 상품성을 갖지 못하기 때문이다. 그렇기 때문에 주식을 공개적으로 모집하거나 매출한 부분이 전체의 30% 이상이어야 한다. 즉 최대 주주의 지분이 70% 미만이어야 하는 것이다.

큐앤에스는 이러한 자격조건을 갖추기 위해 열심히 뛰고 또 뛰었다. 내게 코스닥 등록은 주주들과의 약속 뿐만 아니라 멤버십 서비스 회사에 대한 불신을 없애고 싶다는 점에서도 중요한 의미가 있는 것이었다. 멤버십 회사 중 대부분이 금새 생겼다 금새 사라지는 경우가 많았고, 그래서 기존 멤버십 회사에 대한 불신이 컸기 때문이다. 나는 멤버십 회사가 어떻게 변할 수 있는지 모범을 보여주고 싶었다. 코스닥 등록은 고객 서비스라는 무형의 상품을 갖고 있는 큐앤에스가 공신력을 가질 수 있는 방법 중 하나라고 생각했던 것이다. 또 직원들에게도 큐앤에스에서 일한다는 자부심을 갖게 해주고 싶었다.

코스닥 등록 준비를 하면서 나는 여러 가지 방법을 생각하지 않을 수 없었다. 2001년 당시 코스닥 시장은 등록 기업이 계속 늘어나면서 더 늦추면 기업의 가치를 인정 받지 못할지도 모르는 상황까지 와있었기 때문이다.

그래서 생각한 방법이 우회등록이다. 이 방법은 이미 코스닥에 등록된 기업을 인수해 등록하는 방법이다. 그 당시 나는 우회등록을 결정하기까지 많은 고민을 했다. 우회등록 자체가 사람들에게 선입견을 줄 수도 있다는 점이 가장 큰 걱정이었다. 기존의 우회등록 사례를 살펴보면 수익이 높지 않은 회사를 인수해서 급속도로 성장하는 기업으로 바꾸는 것이 대부분이었기 때문이다. 이것은 주가 상승을 노린 방법이었다.

하지만 나는 주식을 사고 파는 것이 중요하지 않았다. 나는 장사꾼이 되고 싶은 생각은 조금도 없었다. 주식으로 한 밑천 잡아서 놀고 먹는 생활은 내 성격이나 적성에 맞지도 않는다. 일을 좋아하는 사람들은 일 안 하고 놀면 병 난다는 말을 한다. 나도 그렇다. 나는 내 발로 움직이고 내 손으로 뭔가 이뤄내는 것에 흥미를 느낀다. 아마 돈이 많이 생겨도 집에서 뒹구는 일은 없을 것이다.

나는 우회등록에 대한 좋지 않은 시선들도 의식됐지만 큐앤에스를 코스닥 기업으로 만들겠다고 한 주주들과의 약속이 더 중요했다. 그리고 우회등록 이유가 사람들이 생각하는 것과 다르다는 것을 보여주면 될 수 있을 거라는 생각을 했다. 그렇게 여러 가지 고민하고 있는 시점에서 나는 에스아이테크 인수 제안을 받았다.

내용을 검토해 보니 상당히 적합한 회사였다. 나는 재무이사와 함께 검토에 검토를 거듭한 후 에스아이테크와 합병하기로 결정했다. 에스아이테크와의 합병으로 큐앤에스는 코스닥 등록 기업이 되었다.

하지만 우회등록이었기 때문에 주변의 오해도 많았다. 물론 예상하고 있었던 일이었다. 나는 기자들이 묻기 전에 각 언론에 큐앤에스 코스닥 우회등록 보도 자료를 보내라고 홍보실에 지시했다. 사람들이 생각하는 우회등록이 아니라는 것을 말하고 싶었다.

나는 큐앤에스 우회등록에 의심의 눈초리를 보내는 기자들과의 인터뷰를 하면서 있는 그대로 솔직하게 내 입장을 말했다.

"잘 모르는 분야에 대해 아는 척 할 수는 없습니다. 나는 반도체에 대해 쥐뿔도 모릅니다. 하지만 이 시장 역시 영업력이 승패를 가르는 핵심 요인 이라고 생각합니다. 영업 능력만큼은 뒤지지 않을 자신이 있습니다."

그렇게 말했지만 믿는 것 같지는 않았다. 대부분의 우회등록 기업을 보면 인수한 후에 주력 사업을 바꾸고 새로운 사업을 추진하는 등의 일명 '정해진 코스'를 따르는 것이 일반적이라는 고정관념이 강했기 때문이다. 나는 그렇지 않다는 것을 보여줘야 했다.

이런 의심은 내부에서도 마찬가지였다. 특히 에스아이테크 기존 주주들과 직원들의 반발이 컸다. 에스아이테크 기존 주주들은 대부분 빠져나갔다. 나는 그들을 이해 할 수 있었다. 처음 투자한 것 자체가 반도체 회사로서의 에스아이테크에 한 것이기 때문에 당연한 결과라고 생각했다. 그보다 에스아이테크 직원들에게 내 뜻을 전달 하는 게 무엇보다 중요하고 급한 일이었다.

그래서 나는 내가 소유한 지분의 법정기간은 1년이었지만 3년 동안 묶어 놓겠다고 직원들에게 약속했다. 내가 머니게임을 하는 사람이 아니라는 것을 보여주기 위해서다.

에스아이테크 직원들은 반도체와 전혀 상관도 없는 큐앤에스가 회사를 어떻게 할 것인지에 관심이 집중 돼있었다. 그래서 나는 직원들과 직접 대화를 나눠 보고 그들의 불안감을 없애 주기 위해 한 가지 약속을 했다.

"여러분의 생계를 위협하는 일은 벌어지지 않습니다."

그러자 한 직원이 혹시? 하는 표정으로 내게 말했다.

"지금 하신 약속 지키면 저희들도 열심히 일하겠습니다."

나는 전 직원에게 A4용지 한 장씩을 나눠주고 동요하지 않고 열심히 일하겠다는 약속을 적게 했다. 그리고 나도 직원들에게 약속했다.

"여러분의 고용을 보장하겠습니다. 그리고 매주 월요일마다 여러분과 함께 하는 대화의 시간도 갖고 경영체크도 열심히 하겠습니다."

나는 그 이후로 매주 월요일이면 평택에 갔었다. 지난해 폭설로 차가 못 움직일 때도 기차를 타고 평택에 갔다. 단 한번도 약속을 어기지 않았다.

다만 조금 섭섭한 것은 그 당시 종이에 적었던 약속을 지키지 않고 많은 직원들이 회사를 그만 뒀다는 점이다. 나는 신뢰를 바탕으로 하는 의리 있는 사람이 되고 싶다. 약속은 아무리 작은 것이라도 꼭 지키는 사람. 그것이 내가 바라는 나의 모습이다.

달콤한 이야기에 현혹되지 말라

그리스 신화에 판도라의 상자 이야기가 있다. 제우스가 판도라에게 준 상자 안에는 신이 인간에게 주는 선물이 담겨있었다. 판도라는 안에 뭐가 들었는지 너무 궁금했다. 그래서 절대 열어보지 말라는 제우스의 말을 어기고 상자를 열어보았다. 판도라가 상자를 여는 순간 세상에는 나쁜 일이 퍼졌다. 제우스는 인간이 고통 받을 수 있는 질병,슬픔,괴로움,아픔 등을 상자 안에 가둬놨던 것이다. 나에게도 판도라의 상자가 있다. 가끔 뭐가 들었는지 궁금하기도 하고 또 열어보고 싶은 생각이 들기도 한다.

유혹의 손길은 누구에게나 찾아온다. 하지만 그 유혹에 어떻게 대처 하느냐에따라 인생의 행로가 바뀌는 것 같다.

나는 사업을 하면서 코 앞의 이익이 보이는 제안을 많이 받았다. 큐앤에스 초창기 시절 우리와 제휴했던 회사 중 나에게 스카우트제의를 한 회사도 있었다. 그 쪽에서 제안했던 연봉은 그 당시 내가 사업해서 버는 금액보다 훨씬 많은 액수였다. 하지만 나는 흔들리지 않았다. 왜냐하면 스카웃 조건에 함께 일하는 직원들은 제외하고 나만 오라고 했기 때문이다. 이 일 이후에도 일 하면서 전문 경영인으로 와달라는 제의도 많이 받았다.

솔직히 회사가 어려울 땐 그냥 다 포기하고 다른 회사로 가고 싶었던 적도 많다. 그럴 때 마다 나는 이런 생각을 했다. 내가 지금 당장 어렵다고 해서 현실에 안주하면 발전 할 수 없다는 것, 맨땅에 헤딩하던 큐앤에스 초창기 시절을 함께 해준 멤버들에게 의리를 지켜야 한다는 것이었다.

코스닥 우회등록 때도 일명 '작전세력'들의 프러포즈도 많이 받았다. 그 때 그들과 손잡았다면 큐앤에스 주식은 엄청나게 올랐을 것이다. 나도 아마 엄청난 부자가 됐을 거다. 하지만 큐앤에스의 수명은 그만큼 단축됐을 것이다.

대부분의 기업이 우회등록후 급작스럽게 주식이 오르는 반면 큐앤에스는 6개월동안 지속적인 하락세를 보였기 때문에 머니게임을 하는 곳이 아니라는 것을 증명할 수 있었다.

 내가 달콤한 유혹이 다가 올 때 마다 마음이 흔들렸다면 지금의 큐앤에스와 함께 할 수 없었을지도 모른다. 사업을 하면서 나는 늘 내게 찾아오는 달콤한 유혹에 현혹되지 않으려고 노력한다.

서울 월드컵 경기장의
또 하나의 역사 '투란도트'

'모두가 YES 라고 할 때 NO 라고 말할 수 있는 사람, 모두가 NO 라고 할 때 YES 라고 말할 수 있는 사람.' 모 금융광고 카피문구다. 이 광고 카피에선 도전적인 느낌이 난다.

하지만 한편으로는 이렇게 생각 할 수도 있다. 전자의 경우는 부정적인 사람이다. 모두가 가능성이 있다고 하는데 처음부터 포기하는 사람이다. 후자는 긍정적인 사람이다. 해보지도 않고 안될 거라고 하는 사람들 사이에서 그래도 한 번 해볼만하다고 말하는 사람이다. 나는 후자에 가깝다. 나는 내 직감을 믿는다.

'투란도트' 공연 때도 그랬다. 나는 이벤트 전문 회사인 유니온 사장과 절친한 사이다. 그가 내게 투란도트 마케팅을 공동 주관해 보자고 했다.

사실 나는 오페라도 잘 모르고 본적도 없다. 그래서 바로 그러자는 말을 하지 못 했다. 어떤 오페라인지도 모르면서 무작정 투자할 수는 없지 않은가. 그런 데 오페라를 야외에서 해보자는 것과 장예모 감독이 연출하는 작품이라는 말에 갑자기 솔깃해졌다. 뭔가 독특할 것 같기는 했다. 하지만 쉽게 결정을 내리지 못했다. 그런데 투란도트를 국내 최대규모의 무대로 만들어보자는 이야기에 확실하게 흔들렸다. 나는 새로운 아이디어를 발굴하거나 기발한 생각이 떠오를 때 기분이 좋아진다. 투란도트 이야기를 듣는 순간 나도 모르게 기분이 좋아졌다. 하지만 내 기분으로만 투자를 하기엔 규모가 너무 컸다. 한참을 고민하고 있는데 SBS도 적극 지원하겠다는 연락을 받았다. 나는 방송매체를 통해 홍보를 하면 확실히 승산이 있을 것으로 판단했다.

 하지만 직원들은 모두 반대했다. 우선 관객들의 취향을 보면 팝보다 가요가 대세고 발레보다 뮤지컬이 대세인 우리나라에서 사람들이 오페라 공연에 얼마나 관심 있어 할지 잘 모르겠다는 거다. 그리고 대부분 오페라라고 하면 세종문화회관이나 예술의 전당을 떠올리는데 축구 경기장에서 한다고 하니 더 어처구니가 없었나 보다. 티켓요금도 문제가 됐다. 공연 규모가 워낙 컸기 때문에 요금도 만만치 않았다. 직원들은 모두 서울상암경기장을 반도 못 채울 거라며 회의적이었다. 직원들 말을 들어보니 맞는 말이었다. 그래서 여러 날 동안 고민 끝에 없었던 일로 하기로 했다.

그런데 그 날 이후 자꾸 투란도트 공연 건이 내 머릿속을 떠나지 않았다. 내 안의 승부 기질이 자꾸 발동을 걸었다. 사실 이제까지 투란도트만큼 결정을 못 내린 적은 없었다. 한참 고민 끝에 나는 다시 한 번 승부수를 띄워 보기로 결심했다.

다음 날 회사에 가서 직원들을 모아놓고 설득했다.

"일단 한번 해보자. 실패해도 배우는 게 있을 거야. 이 공연 실패해도 우리 안 망해."

그 때까지 검증된 자료가 하나도 없었기 때문에 직원들에게 이렇다 할 설명을 할 수는 없었다. 나는 그냥 믿고 따라와 달라고 말했다. 결국 우여곡절 끝에 큐앤에스는 투란도트 마케팅 주관사가 됐다.

투란도트는 '푸치니'의 3대 오페라 중 하나로 고대 중국에서 펼쳐진 가공의 전설을 배경으로 펼쳐지는 오페라다. 이런 대규모 오페라가 서울 상암 경기장에서 열린다는 것만으로도 가슴이 벅찬 기획이었다. 더구나 투란도트는 공연 출연진만 600명이었다. 600명의 출연진이 서기 위한 무대를 만든다는 것은 만만치 않은 일이다. 더구나 2천 여 평의 무대를 소화하기 위해서 월드컵 경기장만큼 제격인 곳은 없었다.

오페라를 위한 준비와 함께 우리는 본격적인 홍보 마케팅에 착수했다. 나는 투란도트 공연을 하기로 한 날부터 공연이 끝나는 날까지 긴장을 늦추지 않았다. 공연 진행은 언제 어디서 터질지 모르는 다이너마이트다. 그렇기 때문에 늘 긴장하고 있어야 한다. 그리고 하나부터 열까지 세심하게 신경 썼다. 예를 들면 SBS 인터넷 사이트를 열면 바로 뜨는 네모난 이벤트 광고의 크기가 큰지 작은지, 글씨는 잘 보이는지 수시로 확인했다. 그리고 전국에 붙여질 포스터 색상은 잘 나왔는지 잘못 적힌 글씨는 없는지까지도 꼼꼼히 살폈다. 공연 당일 관람객의 편의시설에 문제가 없는지 확인하기 위해 나는 상암 경기장에 매일 출근도장을 찍었다. 나는 직원들의 반대를 무릎 쓰고 시작한 만큼 더 열심히 했다. 공연이 성공해서 직원들에게 하면 된다는 것을 보여주고 싶었기 때문이다.

공연 준비를 하는 동안 날씨는 내 마음을 더욱 불안하게 했다. 공연 전날까지 폭우가 끊이지 않은 것이다. 심혈을 기울여 준비한 공연이 물거품이 될 수도 있는 상황이라니.

하지만 다음 날 하늘을 보고 하마터면 눈물이 날뻔했다. 언제 그랬냐는 듯 맑게 개인 하늘! 하늘도 우리를 돕는다는 것을 위안 삼아 우리 모두는 다시 힘을 얻을 수 있었다.

마침내 열심히 발로 뛰며 준비한 공연은 무대 위에 올려졌다. 투란도트는 매우 성공적이었다. 공연 나흘 간 11만 명의 관객이 투란도트를 보기 위해 상암 월드컵 경기장을 찾았다. 공연 후 설문조사를 해본 결과 관객 만족도도 대단히 높았다. 나는 공연을 성공리에 끝내고 안도의 한숨을 쉬었다. 솔직히 해보자는 말은 했지만 그렇게 성공적일 거라고 예상하지는 못했었다.

투란도트 공연을 계기로 나는 두 가지를 얻었다. 그 첫 번째는 직원들에게 뭔가 귀감이 될 만한 공연이었다는 점이다. 나는 큐앤에스의 모든 직원이 승부사 기질을 키웠으면 좋겠다. 위험을 회피하지 않고 자신의 모든 것을 던질 줄 아는 사람이 됐으면 좋겠다. 남과 다른 생각을 한다고 해서 꼭 성공하는 것은 아니다. 하지만 상대적으로 생각해보면 실패할 거라는 예상을 깨고 성공 할 수도 있다는 말이다.

두 번째는 큐앤에스의 회사인지도가 대단히 높아졌다는 것이다. 나는 공연 수익이 얼마인가보다 사람들이 큐앤에스를 문화 엔터테인먼트 CRM 회사로 기억할 수 있는 계기를 만들었다는 점이 더 기분 좋았다.

투란도트 공연을 기점으로 큐앤에스는 공연 마케팅 회사로서의 입지를 굳히는 계기를 만들었다. 생각지도 않은 수확이었다. 투란도트 공연 이후 많은 기자들이 큐앤에스를 찾아왔다. 국내 최초의 블록버스터 오페라를 성공적으로 이끈 큐앤에스를 취재 하기 위해서다. 또한 큐앤에스는 공연 마케팅 주관사로 사람들에게 많이 알려졌다. SBS인터넷과 전국에 뿌려진 공연 포스터에 '마케팅 주관사 큐앤에스' 라는 그 이름 하나로 많은 사람들에게 큐앤에스를 알리는 계기가 되었던 것이다.

투란도트는 공연도 성공적이었지만 큐앤에스의 이미지 홍보에 한 몫을 톡톡히 해낸 공연이었기 때문에 더 기억에 남아 있다.

결과물로 말하라

나는 맺고 끊는 것이 분명한 게 좋다. 무슨 일이든 시작하면 끝을 봐야 개운해진다. 그런 내 성격에 박자를 맞춰주는 사업이 바로 공연 사업이다.

공연은 다른 일에 비해 시작과 끝이 분명한 사업이다. 공연이 흥하든 망하든 간에 정해진 일정에 따라 시작되고, 또 마무리 되기 때문이다.

사람들은 내가 콘서트, 뮤지컬, 오페라 등 다양한 공연을 잘 알고 있을 거라고 생각한다. 하지만 그렇지 않다. 나는 큐앤에스가 주관하는 공연을 제대로 본 것이 별로 없다. 직접 발로 뛰어야 직성이 풀리는 내 성격 때문이다.

공연 기획을 결정하는 순간부터 나는 초긴장 상태로 돌입한다. 일단 기획단계를 거쳐 공연 날짜가 정해지면 공연 홍보를 위해 자료를 분석한다. 사람들이 좋아할 수 있는 필요 충분 조건을 찾아내기 위해서다. 나는 공연을 즐기기 보다 준비하는 과정을 즐긴다.

나는 공연을 마케팅 관점에서 본다. 관객이 몇 명 왔는지, 수익이 얼마나 났는지에 대한 것보다 큐앤에스가 공연을 주관한다는 그 자체를 더 좋은하게 생각한다. 나는 공연사업은 큐앤에스의 이미지를 높여주는 하나의 마케팅 방법이라고 생각하기 때문이다.

멤버십 고객 서비스 대행이 주력 사업인 큐앤에스는 사람들에게 회사를 알릴 수 있는 기회가 많지 않다. 그런 의미에서 나는 공연을 큐앤에스의 홍보사업이라고 생각한다. 하지만 공연 주관사가 된다고 해서 무조건 큐앤에스의 이미지를 높여주는 것은 아니다. 큐앤에스가 공연 주관사로 인정 받기 위해서는 돈 내고 봐도 아깝지 않은 공연을 기획해야 한다. 관객에게 여운을 남기는 감동이 있어야 한다는 것이다.

그러기 위해서는 공연 기획 단계에서 두 가지 원칙이 필요하다. 사람들에게 큐앤에스는 어떤 공연도 소화할 수 있다는 능력을 보여 주어야 한다. 그래서 준비한 것이 해외 아티스트의 콘서트였다. 큐앤에스가 국내 공연만 하는 것이 아니라 해외 스타들의 공연도 할 수 있다는 것을 입증할 필요가 있었기 때문이다.

두 번째는 수익이 나는 공연을 하는 것도 필요하지만 문화사업에 도움이 되는 공연을 번갈아 진행하는 것도 중요하다는 것이다. 공연 사업은 문화사업의 일환이기 때문에 사람들이 관심 있어 하는 공연과 관심을 가져야 하는 공연을 적절하게 조율해 줄 필요가 있다. 조금이나마 국내 문화수준을 높이는데 도움을 주기 위해서다.

나는 공연에 관한 미팅을 하거나 궁금해 하는 사람들이 찾아오면 내 방으로 안내한다. 내 방은 그 동안 큐앤에스가 주관했던 공연포스터가 벽면 가득 붙어있다. '에어서플라이', '라보엠', '투란도트', '캣츠', '리골렛토' 등 20여 개가 넘는다.

사람들은 내 방으로 들어오면 공연사업에 대해 내게 질문을 하지 않는다. 벽면 가득한 공연 포스터가 나의 공연사업 색깔을 말해주기 때문이다. 내 방에 걸린 포스터가 나의 공연사업 히스토리인 것이다.

집중적인 홍보로
지원사격 한다

'삼성이 만들면 다릅니다' 이 한마디가 의미있는 카피가 될 수 있는 것은 브랜드 인지도 때문이다. '삼성' 이라는 기업 이미지가 신뢰 할 수 있다는 것을 말해준다. 만약 '삼성' 이 아닌 이름도 없는 회사가 다르다고 얘기하면 사람들은 듣는 척도 안 할 것이다.

모든 기업이나 조직은 그들이 갖고 있는 이미지가 중요한 영향을 미친다. 해당 기업의 이미지 때문에 죽느냐 사느냐가 결정되기도 한다. 그리고 한 번 나빠진 이미지 때문에 다시 일어서기 힘들어는 경우도 있다. 반대로 좋은 이미지로 부각되면 크게 성공할 수도 있다. 예를 들어 '네이버 카페 블로그' 는 기존 커뮤니티 사이트보다 회원수가 훨씬 적었다. 그런데 전 지현을 광고 모델로 내세우면서 급속도로 회원수가 증가했다고 한다. 이 경우도 '전 지현'이라는 인물로 네이버 이미지를 변화 시켰기 때문에 가능한 일이다.

나는 그 무엇보다 기업의 이미지를 강화 시키는 매체 홍보가 중요하다고 생각한다. 큐앤에스를 알려야 영업이 쉬워지기 때문이다. 홍보는 사업을 하는데 있어 지원사격과 같다. 나는 회사를 알리기 위해 다양한 방법으로 지원사격을 하고 있다. 그 중 하나가 언론 홍보다. TV, 신문, 잡지 등에 보도 자료를 제공하는 것이다.

나는 홍보팀 이 태주 팀장에게 매일매일 각 언론 기자들에게 큐앤에스와 관련된 일이 기사화 될 수 있도록 'Everyday Publicity'를 하라고 지시했다. 회사의 움직임을 살피고 이슈화 할 수 있는 것을 찾아 보도 자료로 만드는 거다. 아주 세세한 부분까지 매일매일 보내면 기자들이 처음에는 '미쳤구나' 생각하거나 할 일이 그렇게 없나? 깔볼지도 모른다. 하지만 그렇게 매일 보내다 어느 날 보내지 않으면 '큐앤에스 요즘 뭐하나? 무슨 일 있나?' 하고 관심 가질 수 있기 때문이다.

이렇게 매일 큐앤에스의 소식을 전하는 것은 관심을 끄는 데서 그치지 않는다. 일정 광고비를 들이지 않고 홍보 효과를 볼 수 있다. 이것은 수많은 사람에게 큐앤에스라는 회사를 한 번 더 인지 시켜주는 계기를 만들어주는 것이다.

이러한 보도 자료 메일링 서비스는 또 한 가지 장점이 있다. 회사의 공신력을 확보 할 수 있다는 점이다. 보도 자료는 뉴스 형태로 보여지기 때문이다. 돈을 내고 하는 특정 광고는 말 그대로 상업적인 설득이 된다. 하지만 보도자료의 경우 상업적인 설득이 아니라 미디어가 제공하는 뉴스물의 내용에 포함된다. 그렇기 때문에 신뢰감까지 함께 전달할 수 있다.

사실 이슈를 만드는 일은 아주 작은 일에서부터 시작된다. 나는 직원들과 이야기를 하다 한 직원이 시무식 때 콘서트를 열면 좋겠다고 하는 이야기를 듣고 좋은 아이디어라고 생각했다. 그래서 우리는 시무식 때 직원들과 미니 콘서트를 하며 놀았다. 이 일을 홍보실 팀장이 보도자료로 만들어 언론사에 보낸 것이다. 우리끼리 놀아보자고 생각했던 것이 각 방송국의 TV 뉴스에 소개됐고 'SBS-세상을 여는 아침'과 이 밖의 언론사에서 취재 요청이 왔다. 내용은 '즐거운 기업문화를 만들어가는 큐앤에스'였다. 시무식 미니 콘서트는 우리도 즐겁고 큐앤에스의 이미지도 업그레이드 시키는 계기가 되었다.

이러한 홍보 마케팅은 공연에서도 마찬가지다. 전국에 뿌려지는 공연 포스터 아래 '주관사 큐앤에스'라고 적혀 있는 것만으로도 홍보가 된다. 얼마 전 큐앤에스는 '투란도트' 공연을 주관했다. 공연 주관사로 많은 사람들에게 큐앤에스를 알릴 수 있는 계기가 됐다. 나는 사람들이 좋아하는 엔터테인먼트 사업 속에서도 늘 큐앤에스의 이미지를 부각시킬 수 있는 방법을 생각한다. 엔터테인먼트 사업은 그 자체로 사람들을 즐겁게 하는 사업이다. 사람들이 즐기는 곳에서 큐앤에스라는 이름을 만나는 것은 큐앤에스 이름만 들어도 즐거운 기분이 들게 할 수 있기 때문이다.

홍보의 중요성은 '모아베이비' 사업을 할 때도 느낄 수 있었다. 나는 약진하는 모아베이비 사업에 박차를 가하기 위해 유호정 씨를 모델로 하자고 제안했다. 직원들은 달랐다. 모아베이비 A급 매장을 20개 정도 늘린 다음에 하자는 거였다. 하지만 나는 그렇게 생각하지 않았다. 유호정 씨를 모델로 하는 것은 A급 20개의 매장을 만드는 것보다 더 큰 효과를 가져올 수 있을 것이라 확신했다. 지금 당장의 출혈을 걱정하며 늦추는 것 보다 출혈을 감수하고 홍보에 과감한 투자를 하면 더욱 속도 있게 매장을 늘릴 수 있을 거라고 생각했기 때문이다.

경기가 어렵고 같은 일을 하는 회사들이 소극적일 때 투자하는 것은 그 효과가 더욱 극대화 될 수 있다. 그리고 모아베이비 지점주들에게 희망을 줄 수 있다고 생각한 것이다. 결국 나의 고집대로 유호정 씨를 모아베이비의 모델로 계약했다. 그렇게 나는 매장의 고급스러운 이미지를 구축해 나갔다. 그 결과 우리는 유 호정 씨의 고급스러운 이미지에 힘입어 생각했던 것보다 훨씬 빠르게 매장을 늘려 갈 수 있었다.

나는 홍보의 방법은 많다고 생각한다. 최근 들어 나는 또 다른 홍보방법을 시행하고 있다. 큐앤에스 제휴사와 윈-윈 할 수 있는 홍보다. 예를 들면 모아베이비가 이벤트를 할 때 이벤트를 시행하는 장소인 '홈플러스'를 같이 부각시키는 것이다. 타이틀을 '홈플러스 OOOO' 식으로 이름 지으면 우리가 입점되어 있는 홈플러스도 좋은 이미지로 함께 갈 수 있다. 나는 큐앤에스를 일반적인 고객서비스 대행사와 달리 기업홍보 마케팅까지 해주는 CRM회사의 모습으로 만들어 갈 것이다.

사회를 읽어라

나는 신문을 볼 때도 기사만 보는 게 아니라 그 기사를 활용하여 응용 할 수 있는 다양한 것들을 생각한다. 신문은 정보만 주는 게 아니다. 신문은 우리가 생활하는데 여러모로 실용적인 아이템들을 준다. 심지어 유리를 닦을 때 신문으로 닦으면 유리가 더 깨끗이 닦인다. 자장면을 배달해 먹을 때도 신문을 깔고 먹으면 치우기 쉽다.

나는 늘 어떤 일을 생각할 때 2가지 이상의 활용도에 대해 생각한다. 이러한 생각은 홍보와도 직결된다. 나는 직원들에게 사회를 읽으면 꺼리가 보인다는 말을 많이 한다. 실제로 나는 TV나 뉴스를 보면서 큐앤에스와 연결하여 홍보할 수 있는 일을 찾기도 하고 사업으로 만들기도 한다.

나는 TV에서 골프선수 김 미현이 힘들게 국위선양 하는 모습을 보고 무작정 도와줘야겠다는 생각을 했다. 그렇게 만난 김미현과의 인연으로 투자자를 만날 수 있었다.

그리고 큐앤에스가 사회 복지사업에 눈을 돌리게 되는 이벤트도 사회의 흐름이나 사건 속에서 찾는다. 나는 조류독감으로 양계장 업계가 파산 위기에 몰렸다는 기사를 보고 닭 먹기 운동에 동참했다. 그리고 용천 사건 뉴스를 보고 모아베이비 옷을 기부하자고 직원들에게 제안하기도 했다.

이 밖에도 손숙씨가 운영하는 나눔 가게 기사를 보고 미혼모에게 유아용품을 지원하자는 아이디어도 생각해 냈다.

나는 사회 속에서 사회에 환원할 수 있는 방법을 생각하고 시행한다. 또한 이런 일들은 큐앤에스가 좋은 일에 동참하는 모습을 사람들에게 보여줌으로써 기업 이미지 향상에도 도움을 준다.

세상은 더 이상 혼자 살아갈 수 없다. 더불어 살아가야 한다. 그렇기 때문에 세상에 무슨 일이 일어나고 있는지에 관심을 가져야 한다. 사회를 읽는 눈을 키우면 뭐든지 할 수 있다.

사회는 사업으로 연결 할 수 있는 무한한 아이템들을 가지고 있고, 함께 나눔으로써 부가가치를 높일 수 있는 아이디어 창고인 것이다.

제2장 나는 사람이 좋다

새로운 CRM의 혁명!
정(情) CRM

나는 비스킷 하나에도 A/S가 필요하다고 생각한다. 서비스를 받는다는 것은 제품을 구입하는 것에서부터 먹는 음식까지 모두 고객의 권리를 보장받는 것이라고 생각하기 때문이다. 나는 호텔에서 받는 서비스나 전자제품 A/S, 자동차 리콜제도처럼 비스킷 하나에도 고객 서비스를 받을 수 있는 세상을 꿈꾼다. 다양한 제품과 브랜드 홍수 속에 차별화 할 수 있는 마케팅 방법은 고객 서비스 밖에 없다고 생각하기 때문이다.

통신사를 봐도 그렇다. 처음 핸드폰이 나왔을 때만 해도 일명 냉장고 핸드폰 이라고 불릴 만큼 컸는데 지금은 셔츠 포켓에 들어갈 만큼 작아졌다. 16화음 벨소리로 신기해 하던 사람들은 이제 64화음 벨소리에도 익숙해졌다. 심지어 디지털카메라와 캠코더 기능을 겸비한 핸드폰이 대중화 되고 있다. 이런 핸드폰은 통신사 모두 똑 같은 제품을 사용할 수 있다. 요금제도 또한 수 십 가지다.

이런 상황 속에 차별화할 수 있는 유일한 방법은 멤버십 서비스뿐이다. 7천 원의 영화관람료를 2천 5백 원 주고 보는 방법, PC방에서 1시간 공짜로 즐길 수 있는 방법, 패스트푸드점을 저렴하게 이용하는 방법 등이 사람들의 관심사가 되고 있는 것이다. 그렇기 때문에 어느 통신사의 멤버십이 더 많은 혜택을 주는지가 사람들의 관심사가 되고 있다. 고객을 하나로 묶어주는 멤버십서비스의 혜택은 고객의 수요를 움직인다.

21세기 마케팅에서 꼭 필요한 것 중 하나가 CRM(Customer Relationship Management) 즉, 고객관계 관리대행이다. CRM은 특정 멤버십 고객으로부터 수익을 만들고 한 번 인연이 닿은 고객을 고정고객으로 오랫동안 이끌어 갈 수 있도록 고객관리 서비스를 대행하는 것이다. CRM은 각각의 고객 정보를 기반으로 자료를 분석함으로써 고객의 특성을 파악하고 그 고객의 특성에 맞춰 마케팅 활동을 지원한다.

솔직히 CRM이라고 하면 사람들은 낯설게 느낄 것이다. 하지만 알고 보면 그리 어려운 게 아니다. 큐앤에스가 SK텔레콤 고객을 상대로 하는 CRM 방법을 설명하자면 이렇다. 고객의 불편한 점이나 문제점을 해결해주는 것은 물론 극장, PC방, 일반 가맹점 등의 서비스를 구축한다. 또

한 고객이 원하는 것을 찾아내 캠페인이나 이벤트를 시행하기도 한다. 고객이 원하는, 고객이 즐길 수 있는 문화를 만들어가는 작업인 것이다.

큐앤에스는 CRM회사다. 하지만 기존 CRM회사와는 조금 다르다. 기존 고객관리 회사들은 크게 고객서비스를 위한 콜센터 운영 등의 솔루션 판매와 고객 컨설팅에 초점을 맞추고 있다. 그리고 CRM이라고 하면 e-CRM을 떠올린다. 하지만 큐앤에스가 열어가는 CRM은 일명 정(情)CRM이다. 분석에 의한 마케팅에 중점을 두기 보다는 고객의 마음을 여는 마케팅을 하자는 것이다.

정(情)CRM은 사람이 느끼는 다양한 감성을 존중하고 그 감성을 섬세하게 읽어 내려고 한다. 고객과 눈 높이를 맞추고 작은 것까지 섬세하게 배려하는 고객서비스를 비즈니스로 연계하는 CRM인 것이다.

정(情)CRM을 바탕으로 큐앤에스가 만들어낸 것이 바로 '쌩큐 서비스 시스템 (Thank you Service System)'이다. 나는 쌩큐 서비스 시스템을 위해 두 가지 원칙을 갖고 있다.

첫째는 고객의 불만을 그냥 지나치지 않는 것이다. 예전에 이런 일이 있었다. 지방에 사는 한 고객이 PC방 할인 혜택을 받으려고 했는데 마침 그 지점 카드 단말기가 고장이 나서 혜택을 받지 못했다. 화가 난 고객은 상담실로 불만을 토로했다. 상담원이 즉시 알아보고 확인해 줬어야 했는데 그러지 못한 채 한 달이 지연됐다. 그 고객은 화가 나서 소비자 보호원에 신고를 했고, 이 일로 우리가 고객 서비스 대행을 하고 있는 기업체의 이미지에 타격을 입을 수도 있었다. 이렇게 그냥 무심코 지나쳐 버린 작은 일 때문에 전체적인 이미지에 상처를 줄 수 있기 때문에 작은 일이라도 그냥 지나치지 말아야 한다. 그 동안 쌓았던 공든 탑이 한 번에 무너질 수 있기 때문이다.

두번째는 통계나 분석보다 작은 감동을 줄 수 있는 마음으로 고객을 대하는 것이다. 가령 할인 혜택을 받기 위해 극장을 찾는 고객이 몇 명인지를 분석하고 통계를 내는 게 중요한 것이 아니라 극장을 찾는 고객이 기분 좋게 영화 한 편 봤다 라는 느낌을 갖게 하는 것이 더 중요한 것이다.

고객이 이런 느낌을 받도록 하기 위해서는 고객을 상대하는 매표소 직원의 서비스가 중요하다. 그래서 나는 매표소 직원이 기분 좋게 일 할 수 있도록 배려 할 수 있는 것들을 생각한다. 그들이 기분 좋게 일 할 수 있게 하는 것은 그리 어려운 일이 아니다. 예를 들어 그들에게 여름에는 시원한 음료수를 준비해 주고 겨울에는 따뜻한 방석을 챙겨준다. 어떻게 보면 아주 작은 일이지만 이 작은 배려는 기분 좋게 일 할 수 있는 활력소가 될 수 있다. 매표소 직원의 기분이 좋아지면 고객에게 더 친절한 서비스를 제공할 수 있다. 이것이 큐앤에스가 만들어가는 CRM이다.

내가 생각하는 CRM은 사람 사는 냄새를 느끼게 하는 것이다. 고객 서비스는 오고 가는 '정(情)'에서 시작된다. 이런 고객 서비스를 위해서는 사람에 대한 작은 배려가 바탕에 깔려야 한다. 사람을 배려하는 마음은 사람을 기분 좋게 한다. 기분 좋게 웃어주는 사람과 함께 있으면 기분이 좋아진다. 이처럼 사람과 사람 사이 오고 가는 정을 기본으로 하는 것이 큐앤에스의 정(情)CRM이다. 큐앤에스의 정(情)CRM은 단순히 마케팅 개념의 CRM이 아니라 복합적인 CRM의 모습인 것이다.

섬세한 면모를 갖춰라

'봉고'는 기아 자동차의 9인승 승합차 이름이다. 그런데 우리는 브랜드와 상관없이 9인승 승합차를 봉고로 부른다. 모 자동차 회사의 경우 9인승 승합차 런칭 때 'OO자동차 봉고 탄생' 이라는 현수막을 내건 적이 있다고 한다. 경쟁사의 제품 이름이지만 많은 사람들에게 고유명사로 인식되고 있던 그 이름을 쓸 수 밖에 없었던 것이다.

나는 정(情)CRM을 큐앤에스만의 이름이 아닌 고유명사로 만들고 싶다. 기존CRM은 IT업계에서 많이 사용했지만 나는 고객 서비스에 CRM을 접목시켰다. CRM은 하나의 마케팅 방법이다. 내가 만들어 가는 정(情)CRM은 고객 서비스에서 시작된다.

서비스 업종에 있는 사람들은 '고객이 왕' 이라는 말을 자주 하지만 사실 고객을 왕처럼 모시는 곳은 많지 않다. 사람들은 고객 서비스가 대단한 것처럼 생각한다. 하지만 그렇지 않다. 고객 서비스를 차별화 시키는 방법은 어려운 일이 아니다. 고객 서비스는 작은 일도 그냥 지나치지 않는 섬세함을 가질 때 더 쉽게 할 수 있다. 그래서 나는 작은 약속도 소중히 생각하는 마음으로 고객 서비스에 접근해야 한다고 생각한다.

언젠가 미국 대통령과 어느 소설가의 일화를 들은 적이 있다. 대통령이 백악관 파티에 그 소설가를 초대했다. 그런데 그는 대통령의 초대에 가지 않았다. 그 사실을 안 대통령은 매우 불쾌했다. 파티가 끝날 무렵 대통령에게 전보가 한 통 도착했다. 그 소설가가 보낸 것이었다. 그는 초등학교 담임 선생님의 초대장이 먼저 와서 대통령의 초대에 갈 수 없었다고 했다.

이 이야기를 듣고 나는 한참동안 생각했다. 나에게 이런 상황이 생기면 어떻게 할까? 솔직히 닥쳐봐야 알겠지만 늘 소설가처럼 행동할 수 있었으면 좋겠다. 약속을 소중히 여기는 마음을 잃는 순간 내 꿈이 깨질 것 같기 때문이다.

나는 기업을 움직이는 CEO가 권위 있는 자리라고 생각하지 않는다. 큰 일을 하는 사람이라기보다 정이 느껴지는 섬세한 면모를 발휘할 수 있어야 한다고 생각한다. 그래서 나는 직접 현장에서 뛰는 것을 좋아한다. 나는 큰 사업가로 기억되기 보다 행동하는 CEO의 모습으로 기억되고 싶다.

내가 행동하는 CEO로 성공한다면 그 때쯤 정(情)CRM은 고유명사로 사람들에게 알려질 것이라고 확신한다. 섬세한 배려는 내 사업의 기반을 닦아주는 기초다.

'슈퍼 땅콩'
김 미현을 만나다

'99년은 내겐 아주 특별한 해였다. 사업을 시작한지 얼마 지나지 않아 인연을 맺게 된 김 미현 골프 선수와의 만남은 내게 많은 의미를 주었다. 나는 우연히 TV프로그램을 통해 스폰서도 없이 시작된 김 선수의 어려운 미국 생활을 보게 됐다. 마땅한 숙소도 없이 달랑 자동차 하나에 의지해 그야말로 유랑자 생활을 하던 모습은 내겐 아주 충격적이었다. 차 안에서 잠자고 라면으로 끼니를 때우며 시합에 나가는 김 선수가 안타까웠다. 세계 골프 대회 10위권 안에서 국위선양을 하고 있는 선수에 대한 우리 정부나 국민들의 무관심이 이 정도일 수 있을까.

'99년 당시 우리나라는 IMF란 어둡고 힘겨운 터널 속에 놓여있을 때였다. IMF 시절의 시련과 절망 속에서 국민들에게 희망을 준 박 세리 선수의 US LPGA 우승 소식과 인기는 그래서 더욱 값진 것이었다. 골프는

암울했던 IMF시대에 유일하게 한국인이라는 자부심을 갖게 해준 희소
식이었다. 그러나 박 세리 선수보다 1년 늦게 미국에 진출한 김 미현 선
수는 박 세리 선수의 그 화려한 빛에 가려 있었다.

김 선수는 '97년 국제상사 (프로스펙스)와 스폰서 계약을 맺었지만 국
제상사가 법정관리에 들어가면서 아무런 도움도 받지 못한 채 '98년 카
네이션오픈 우승, SBS 최강전 우승, 레이크사이드 컨트리클럽에서 열린
KLPGA 선수권대회에서 우승할 만큼 국내에선 정상급 선수였다.

'98년 스폰서도 없이 미국으로 건너가 가족들의 뒷받침과 교민들의 도
움으로 6개월 동안 '톱 10'에 4차례나 진입하는 성적을 거두었지만 스
폰서 계약을 체결하지 못해 경제적으로나 정신적으로 아주 힘든 시간을
보내고 있었다.

그 때나 지금이나 나는 골프는 못 치지만 힘든 여건 속에서도 자신의
이름을 걸고 열심히 뛰던 작은 키의 그녀의 모습은 정말 인상적이었다.
골프화 높이를 합쳐 1m57㎝되는 작은 키, 그래서 '땅콩'으로 불리지만
땅콩처럼 속이 꽉 찬 다부진 모습으로 맹연습을 하던 그녀의 열정이 그
대로 느껴지는 것 같았다. 실력 하나만으로 세계와 싸워보겠다며 도전장
을 내민 그녀의 당당함에 나는 홀딱 빠져들었던 것 같다.

'부모님이나 친구들이 땅콩으로 부르는데, 약한 껍질 속에 단단한 알맹
이가 들어가 있는 땅콩이 내 모습과 비슷한 것 같아 마음에 드는 별명'

이라고 얘기하던 그녀의 모습에서 내가 평소 갖고 싶었던 어떤 이미지를 떠올리기도 했다.

단순히 그녀를 도와주고 싶다는 생각만으로 가득 차서 나는 전화기부터 집어 들었다. 골프협회 등 여기저기 수소문한 끝에 다음 날 그녀의 아버지인 김 정길 씨와 통화 할 수 있었다.

"어제 TV보고 전화 드렸습니다. 김 미현 선수를 위해 제가 뭔가 도움이 될 수 있는 일을 해보고 싶습니다."

그 때 수화기 너머로 들려오던 김 정길 씨의 첫마디를 나는 지금도 생생하게 기억하고 있다.

"어제 TV 나온 거는 저도 알고 있는데, 내게 전화를 준 사람은 오직 당신 한 사람밖에 없었습니다. 어려울 때 도와주신다니 정말 감사합니다."

김 선수에게 관심을 가져준 첫번째 전화였기 때문일까, 아니면 무작정 덤벼든 내 배포를 믿었기 때문이었을까, 하여튼 나는 바로 김 미현 선수의 에이전시 계약을 체결할 수 있었다. 어디든 스폰서를 잡아주겠다는 게 계약의 전부였다. 당시 아버지 입장에서는 중요한 대회를 앞두고 안정적인 스폰서가 필요한 때였고, 나 역시 새로운 스포츠 마케팅 경험을 해볼 수 있는 좋은 기회가 될 수도 있었다.

팩스로 주고 받은 계약서가 완성되자 나는 본격적으로 스폰서를 알아보러 다녔다. 필라코리아, 현대자동차, SK, 대한항공 등 스폰서를 해줄 수 있는 기업들을 찾아 다니느라 온종일 뛰고 또 뛰었다. 하지만 당시 박세리 선수에 비해 별로 눈에 띄지 않던 김 미현 선수에게 관심을 가져 주는 곳은 많지 않았다.

나는 기대했던 만큼의 수확도 없이 다시 김 선수의 아버지께 전화를 했다.

"아버님, 정말 죄송합니다. 열심히 했는데 좋은 결과를 안겨드리지 못해 저도 참 속상합니다."

그는 기다리던 결과는 아니었지만 본인이나 김 선수가 어려웠을 때 도움을 주기 위해 노력한 것에 고마워 했다.

"당신은 가장 힘들 때 함께 해준 사람입니다. 저도 고마움을 표시하고 싶습니다."

그래서 나는 김 정길씨의 제안으로 스폰서에 관한 에이전시가 아닌 국내 CF 에이전시 권한을 다시 맡을 수 있었다.

그 후 한별 텔레콤이 김 선수의 스폰서를 맡게 됐고, 한별 텔레콤과 계약한지 두 달 후인 '99년 9월 김 미현 선수는 '미국 여자프로골프 (US LPGA) 투어 스테이트 팜 레일 클래식(State Farm Rail Classic)'의 우승컵을 품에 안았다. 그리고 연이어 10월엔 'US LPGA투어 퍼스트 유니온 베시 킹 클래식 (First Union Betsy King Classic)'의 우승도 거머쥐었다. 그 해 US LPGA투어 신인왕의 영광은 김 미현 선수에게 돌아갔다.

나는 다시 김 미현 선수의 CF와 관련된 매니지먼트 건에 대한 제안서를 만들었다. 경제적인 면으로 그녀를 돕기 위한 에이전시를 설립하려던 계획이었고 그 에이전시를 위해 투자를 받으려고 했던 것이다.

그 때 처음 만난 사람이 바로 '한국지식재산 거래소'의 김 춘호 변호사였다. 그는 영업에만 주력하고 있던 내게 사업에 필요한 전반적인 시스템과 특히 금융계에 대해 새롭게 눈 뜰 수 있는 기회를 준 사람이다.

김 변호사는 대단한 골프광이었고, 당시 김 미현 선수가 2승 기록을 세우며 상승세를 타고 있던 상황이어서 단번에 호감을 가지고 나를 대해주었다. 그러나 김 선수는 한별 텔레콤과 스폰서 계약을 맺고 있었기 때문에 에이전시 일은 쉽게 풀리지 않았다.

결국 나는 김 선수의 아버지께 그만 두겠다는 얘기를 꺼낼 수 밖에 없었다.

"이제 스폰서 문제도 해결됐고, 김 미현 선수의 이미지 관리도 한 스폰서 사에서 하는 게 좋을 것 같습니다. 많은 도움을 드리지 못해 정말 죄송합니다."

그 때 그 분은 처음 내게 했던 말씀을 다시 하셨다.

"최사장님, 당신은 나 힘들 때 여러 가지로 도와주시지 않았습니까? 전 그 마음을 잊을 수가 없습니다."

진심은 진심으로 통하는 걸까, 물론 스폰서 문제로 여러 가지 일을 진행하면서 껄끄러운 부분이 없지 않았지만 나는 마음이 편해졌다. 김 미현 선수와 직접적으로 관련해서 사업적으로 돈을 벌거나 하지는 못했지만 나는 스포츠 마케팅에 대해 공부할 기회를 가졌고, 무엇보다 큐앤에스의 2대주주 김 춘호 변호사를 만날 수 있었던 것이다.

김 미현 선수는 공항에서 잠깐 만났다. 'US LPGA 투어 스테이트 팜 레일 클래식'에서 우승을 한 직후였다. 금의환향한다는 게 이런 거구나, 공항의 분위기는 그야말로 난리였다. 처음 여기저기 어렵게 수소문해서 그녀의 연락처를 알아내려던 때 일들이 생각났다.

귀여운 얼굴, 조그마한 그녀의 어디에 세계의 눈을 끌어 모은 저력이 숨어있는 걸까, 잠깐 이런 생각을 했던 게 기억 난다.

무심코 지나치지 마라

누군가 새로운 아이디어로 성공했을 때, 어떻게 저런 생각까지 했을까? 감탄스러울 때가 있다. 그와 비슷한 생각을 나도 하긴 했었는데 좀더 파고 들지 못해 놓쳐버린 경우도 있었다. 그럴 때면 혹시 그 사람이 내 머리 속에 있던 아이디어를 훔쳐간 건 아닐까? 의심까지 하며 배 아파질 때도 있다.

대부분의 사람들은 평소 관심이 가는 것에만 신경을 쓰며 산다. 관심이 없는 문제는 아예 딴 사람 일로 밀어 붙여버리거나 깨끗이 잊어버리려고 한다. 그렇지 않아도 복잡한 세상, 나와 상관없는 일까지 신경 쓰며 살 여유가 없다는 것이다.

하지만 아이디어는 무심코 지나친 바로 그 자리에 항상 숨어있다. 사람

들 사이에서도 그렇다. 그냥 지나쳐 버리지 않고 작은 관심이라도 가져

줄 때 그 사람과의 관계는 더욱 돈독해진다.

사실 나는 사람에 대한 관심이 많은 편이다. 그 관심은 다른 사람들보

다 좀 더 유별나다. 내가 사람에 대해 갖는 관심은 의식적인 것은 아니

다. 그가 평소 하던 말이나 행동과 조금만 달라져도 금방 눈치를 챌 정도

로 사람에 대한 내 더듬이가 잘 발달돼 있기 때문인 것 같다.

내가 김 미현 선수의 매니지먼트 위임 계약을 성사시켰을 때 사람들은

어떻게 그런 일을 하게 됐는지 궁금해 했었다. 우연이었다고 얘기했지만

딱히 그 이유를 꼬집어 말하자면 그냥 지나치지 않았기 때문이다. 똑같

이 그 프로그램을 봤지만 대부분의 사람들은 누군가 돕겠지 하고 그냥

지나쳤고 나는 한 발 더 들어가 그 선수에게 도움이 될만한 일이 없을까

생각했기 때문이었을 거다.

우리 회사 지하 1층엔 모임을 가질 수 있는 방이 마련돼 있다. 주로 외

부 사람들이 직원들을 만나거나 직원들끼리 모임을 가질 때 이용하는 곳

이다. 그곳엔 커피 자판기가 있는데, 어느날 커피를 뽑으면서 문득 그 종

이 컵에 우리 회사를 찾아준 사람들에게 고마움을 전달하는 메시지를 인

쇄해놓으면 어떨까 하는 생각을 했었다. 큐앤에스는 고객을 상대로 하는

회사이고, 무엇보다 고객을 배려하는 서비스 정신이 필요한 회사인 것이

다. 만약 고객 중 누군가 우리 회사를 찾는다면 그 작은 컵 하나에서도 큐앤에스의 인상은 크게 달라질 수도 있다. 바로 이런 것이 CRM마케팅의 시작이다.

처리하지 못한 큰 일도 많아 죽겠는데 쪼잔하게 그런 것까지 생각하다니 싶을 수도 있겠지만 그건 절대 아니다. 섬세한 배려, 작은 부분이지만 상대방도 그냥 지나칠 수 있는 부분까지 챙겨주는 세심한 성의가 그 사람을 감동시킬 수 있는 것이고 그것은 곧 신뢰로 이어진다.

나는 종종 '서울랜드'에 놀러가는 편인데, 고객들을 위한 세심한 배려를 놓치고 있는 게 많이 눈에 띈다. 그래서 큐앤에스가 가지고 있는 CRM마케팅과 노하우를 가지고 운영 대행을 해보고 싶다는 욕심으로 이것저것 자꾸 둘러보게 된다. 놀이동산에 가서 실컷 놀다 오면 그만이지만 이런 점은 이렇게 고치고, 이런 점은 이렇게 보강하고 식으로 자꾸 머리에 떠오르는 아이디어 때문에 한눈을 팔 때도 많다.

아무래도 무심코 지나치지 않는 습관은 내 직업병으로 자리잡은 것 같다.

CEO의 그릇은 무엇으로 채워지는가

사람의 속과 겉, 도움을 받을 때와 그 일로 오히려 곤란에 빠질 때, 주위의 평가와 내가 본 그 사람. 가끔 사람을 만날 때마다 이런 일들 때문에 갈등을 겪기도 한다. 이런 경우는 동전의 양면처럼 늘 붙어 있는 문제이기 때문에 판단을 내릴 때 더 힘들다.

일을 할 땐 무 자르듯이 단칼에 결정을 내리는 일이 쉬운데, 사람과 얽힌 실 타래는 정말 풀기가 쉽지 않다. 김 춘호 변호사는 내게 그런 사람이었다.

나는 프로골퍼 김 미현의 매니지먼트 지원금 1억을 투자 받기 위해 처음 그를 만났다. 김 변호사는 모 벤처기업 투자로 큰 수익을 남겨 화제가 된 사람이다. 그 회사는 새로운 아이디어로 투자를 받아 급성장한 회사였다.

당시 우리 사회는 벤처 열풍에 휩싸여 있었다. 기술 하나로, 아이디어 하나만 믿고 창업하는 벤처 기업 러시는 이미 테헤란 거리를 뜨겁게 달구고 있었다. 그래서 그런 기업들을 상대로 일명 '묻지마 투자'가 유행처럼 번지던 때였다. 김 변호사는 그 당시 '묻지마 투자자의 마이다스 손'으로 불리던 사람이었다.

나는 김 변호사를 만나 먼저 김 미현 선수의 어려운 미국 생활부터 설명했다. 김 선수의 매니지먼트에 대한 제안서를 설명하려고 했을 때 김 변호사가 대뜸 물었다.

"큐앤에스는 뭐 하는 회삽니까?"

나는 회원들을 관리하고 다양한 고객 할인 서비스를 제공하는 멤버십 회사에 대해 설명 했다.

"재무제표를 볼 수 있습니까?"

"재무제표는 없습니다."

"그럼 손익계산표는 있습니까?"

"없습니다."

투자자 입장에서 보면 큐앤에스는 단돈 150만 원으로 시작해 몇몇 기업들의 멤버십 고객 관리에 매달려 있던 아주 작은, 법인도 아닌 회사였던 것이다.

김 변호사는 매니지먼트 사업에 관해 열심히 설명하던 나를 물끄러미 바라보더니 전혀 엉뚱한 얘기를 꺼냈다.

"최 사장님께 투자하지요. 일에 대한 투자가 아니라 사람에 대해 투자하겠다는 겁니다."

사람에 대한 투자. 내 순수한 열정과 용기에 대한 투자라는 것이다. 하여튼 나는 그날 내 가능성에 대한 투자로 5억 5,000만 원을 약속 받을 수 있었다. 그러면서 김 변호사는 '내 근처로 와서 일해보라'는 제안도 했다. 근처라면 강남에서도 가장 비싼 지역이 아니던가. 당시 나는 사당역 주변의 한 건물에 월 200만 원짜리 세를 들어 있었다.

나는 원래 앞 뒤 따지고 의심해 보는 사람이 아니다. 사람과의 인연에 있어선 특히 그랬다. 나는 돌아서자마자 바로 임대할만한 강남의 빌딩을 알아보러 다녔다. 그리고 아무 생각 없이 강남에 자리를 잡았다. 하지만 강남은 내가 사업하기엔 아직 만만한 곳이 아니었다. 모든 게 비쌌다. 월세 200만 원짜리 사무실에서 월세 1,400만 원 수준으로 옮겨온 것이다.

"왔어? 그냥 해 본 말이었는데... 정말 올 줄 몰랐는데?"

더구나 김 변호사가 이런 뜻밖의 반응을 보였을 땐 돌아버릴 것 같았다. 내가 큰 실수했구나, 이제 큐앤에스는 어떻게 될 것인가, 덜컥 겁도 났다. '내 옆에 와서 함께 하자'는 말 한 마디만 믿고 회사를 옮길 생각까지 하다니! 아마 그 때 누군가 내 이런 사정을 알았다면 날 미친 놈으로 생각했을 거다.

나는 뛰고 또 뛰는 수밖에 없었다. 내가 지금 허세를 부리면, 이제 잘 나가게 됐다고 있는 척 거만을 떨면 우리 회사는 망할 수도 있다는 각오로 하루하루를 보냈다. 나를 위해 좋은 집 사고, 좋은 차에 기사까지 두고, 이렇게 허풍을 떨기 시작하면 그 순간 회사 문을 닫아야 할 상황이 올지도 모른다는 생각으로 더 긴장했다.

하지만 그곳 강남에서 배운 것도 있었다. 사업이라는 게 단순히 영업만 잘해서 되는 게 아니라 금융이나 사업에 필요한 여러 제도를 도입하면 훨씬 높은 부가가치를 낳을 수 있다는 거였다. 그렇게 오기로 뛰는 사이에 큐앤에스는 그 어려웠던 시기를 무난하게 헤쳐나갈 수 있었다. 나는 그때 비싼 곳에 있으니 비싼 생각을 하려고 했다. 그러나 시간이 지나면서 오히려 테헤란로는 서서히 흔들리기 시작했다. 너도나도 벤처를 외쳐대던 열풍은 거품 꺼지듯 한꺼번에 가라앉았고 김변호사 역시 어려운 상황에 놓일 수 밖에 없었다.

그 회사만은 못하겠지만 당신이 투자한 그 어떤 회사보다 내가 많은 걸 드리겠다'고 하던 내 말에 그냥 피식 웃기만 하던 김 변호사는 그 말 한마디의 약속을 지키기 위해 내가 얼마나 땀 흘렸는지 알까? 김 변호사 자신은 농담처럼 받아들였을지 모를 그 한마디 약속 때문에 내가 얼마나 맨땅에 헤딩하는 마음으로 절박했었는지, 그 심정을 알까? 가끔 이런 생각을 해본다.

언젠가 김 변호사가 한참 명성을 날리며 투자하고 있었을 때 생활경제 전문가 김 방희 씨가 진행하는 라디오 프로그램에 출연한 적이 있었다. 투자관점이 뭐냐는 김 방희 씨의 질문에 김변호사는 'CEO를 본다'는 얘기를 했었다. CEO의 그릇을 본다는 것이다. 그 땐 다른 사람을 예로 들어 설명했었다. 그 얘기를 들으면서 나는 몇 년 후 그가 나를 예로 들어 CEO의 그릇을 말할 수 있게 만들겠다는 결심을 했었다.

얼마 전 김 변호사를 만났을 때 우연히 그 때의 방송 얘기를 하게 됐다. 나는 그에게 김 방희 씨가 하던 그대로 똑같은 질문을 했다.

"김 변호사님은 투자할 때 어떤 관점으로 투자할 대상을 선택하십니까?"

"나는 아직도 CEO그릇이 중요하다고 생각해."

"CEO의 그 그릇은 뭐라고 생각하십니까?"

"정직함과 성실함이지."

나는 그 때 그 분이 나를 예로 들어 설명하고 있음을 눈치 챌 수 있었다.

큐앤에스의 파트너
조 성모가 뛴다

삼국지에 나오는 유비가 제갈공명을 얻기 위해 삼고초려(三顧草廬) 했다는 얘기는 아주 유명하다. 제갈공명의 지혜로 유비는 천하를 한 손에 쥘 수 있었고 제갈공명 역시 유비로 인해 뛰어난 지략가로서의 파워를 발휘할 수 있었다.

나는 파트너란 단어를 아주 좋아한다. 파트너는 누가 누구를 맹목적으로 도와주는 일방적인 관계가 아니다. 나를 위해, 또 너를 위해, 이렇게 서로를 위해 손 잡고 함께 가는 동반자 관계다.

나는 큐앤에스를 경영하며 이런 파트너 관계에 대해 많은 생각을 한다. 큐앤에스 역시 기업들과 파트너 관계를 맺으며 고객들에게 보다 나은 서비스를 제공하고 있고, 그 파트너십의 크기만큼 책임감도 나눠 갖게 되는 것이다. 큐앤에스가 어떤 기업의 고객을 단순히 대행 관리하고 있는 것으로 생각한다면 절대 막중한 책임감을 느끼지 못하게 될 것이기 때문이다. 나는 직원들과 나와의 관계도 파트너로 생각하고 있다. 명령을 내리고, 그 명령을 하달 받는 식이 아니라 같은 생각을 가지고 함께 뛰는 관계로 여긴다. 그래서 그들 중 누군가가 우리 회사와 파트너 관계로 사업 하는 것을 적극 권유하고 있다.

가수 조 성모를 만났을 때도 그랬다. 나는 그에게 어려운 벤처 기업의 파트너십을 요청했던 것이고 큐앤에스는 그 취지를 순수하게 받아들여 준 조 성모와 함께 뛸 수 있었다.

사실 벤처 기업의 인기가 치솟고 있을 때만 해도 유명 연예인들의 벤처 기업 홍보이사 영입 붐은 무슨 유행처럼 대단했었다. 그러나 벤처 바람이 한꺼번에 시들어버리자 연예인들도 이름만 걸어놓는 벤처 기업 홍보이사 자리에 더 이상 눈길을 돌리지 않았다. 그나마 유명 연예인들의 이름을 빌려 홍보라도 할 수 있었던 벤처 기업들은 더 어려울 수 밖에 없었다.

조 성모에게 도움을 요청했던 때도 벤처 기업의 열풍이 가라앉으면서 많은 기업들이 홍보에 어려움을 겪고 있던 때였다. 이런 상황에서 처음 그를 떠올렸던 건 동영 아트홀의 활성화 방안에 대해 회의를 하고 있던 우리 회사 젊은 여직원들이었다.

요즘 누가 제일 인기 있지? 했을 때 동시에 한 목소리로 외쳐대던 이름이 바로 가수 조 성모였던 것이다.

"조 성모 인기, 정말 짱이예요! 데뷔 곡인 '투 헤븐 (To Heaven)'도 너무 좋구요, '아시나요'는 환상이에요. 조 성모가 우리 회사 홍보이사만 해 줄 수 있으면 게임 다 끝나는 건데…"

국내 최정상인 가수 조 성모가 과연 우리 회사 홍보이사를 맡아줄까? 억대 CF 출연료를 받고 있는 사람인데, 우리 회사로서는 말 꺼낼 처지도 안되지 않느냐, 아직 회사 인지도도 약한데, 그가 선뜻 해주겠느냐... 모두들 말만 꺼내놓고 아쉬운 표정으로 회의를 끝내야 했다.

하지만 나는, 조 성모란 이름만으로도 가슴이 설렌다는 여직원들의 얼굴을 보면서 한 번 해보자! 생각하고 있었다. 한 번 부딪쳐 보자. 그에게 우리 회사를 설명하고 도움을 요청한다면 혹시 뜻밖의 답을 얻을 수도 있지 않겠느냐 싶었다.

그리고 회의를 끝내자마자 그의 매니지먼트 사무실을 찾아갔다. 그를 만나기 위해 나는 4시간 동안 소파에 쭈그려 앉아있었다. 그 동안 나는 혹시나? 하는 기대의 마음이었다가, 너무 무모한 짓 아닐까? 하는 후회의 마음이었다가, 다시 기대를 해보면서 정말 초조했다.

무작정 4시간을 기다려 조성모의 매니저를 만났을 때 나는 벤처의 어려운 상황부터 얘기했다.

"요즘 벤처 기업들이 힘든 상황에 있다는 건 잘 아실 겁니다. 벤처가 쓰러지면 우리 경제가 더 침체의 길로 갈 수 밖에 없습니다. 조 성모 씨처럼 인기 있는 연예인이 나서서 전문 벤처 기업을 도와준다면 나라 경제에도 많은 도움이 될 겁니다."

그리고 큐앤에스의 주요 사업에 대해 설명하고 동영 아트홀을 조 성모의 팬들을 위해 사용할 수 있도록 해주겠다는 제안을 했다.

"팬들을 사랑하는 마음으로 벤처 살리기에 동참한다면 조 성모 씨도 좋은 이미지를 만드는데 도움이 될 겁니다."

팬들을 사랑하는 마음으로, 라는 내 말에 공감했던 것 같다. 얼마 후 조 성모는 흔쾌히 큐앤에스의 홍보이사를 맡아 주었다. 더구나 그는 홍보이사로 활동하는 기간 동안 일반적으로 연예인들이 벤처 기업 홍보이사로 활동할 경우 받게 되는 활동비나 스톡옵션 등은 일체 받지않는 무보수로 우리를 도와주었다. 벤처 기업이 침체기에 빠져있을 때 국내 최정상의 연예인이, 그것도 무상으로 벤처 기업 홍보를 도와준다는 것은 그 당시 대단한 이슈가 됐다. 여기저기 언론사에서 우리를 취재하러 왔고 그 일로 큐앤에스의 이미지는 한 단계 더 업그레이드 될 수 있었다.

우리는 조 성모의 초상권을 이용해 지면광고와 큐앤에스의 인터넷 홈페이지, 전단지 등에 회사를 홍보했다. 특히 그 때 조 성모가 사고를 당해 팔과 다리에 크게 부상을 입고 활동이 어려운 상황이었음에도 불구하고 회사를 도와주겠다고 나서 나는 더 큰 감동을 받았다.

우리는 조 성모와 그의 팬들을 위해 동영 아트홀에서 이색 이벤트를 마련해주었고, 동영 아트홀 극장 무료 영화초대권 3,000장을 그의 팬들을 위해 사용할 수 있도록 해주었다.

가끔 직원들이, 도대체 어떻게 조 성모를 홍보이사로 영입할 수 있었냐는 질문을 하곤 했는데, 그 때마다 나는 감성에 호소하는 마케팅에 대한 얘기를 했다. 처음 조 성모의 매니저를 만났을 때 내가 홍보이사를 해 주는 대가에서부터 얘기를 시작했다면 그는 절대 우리 회사를 택하지 않았을 지도 모른다. 조 성모 역시 팬들의 사랑을 받아 최정상의 가수가 된 것이고 그에게 당시 중요했던 것은 억대의 돈이 아니라 팬들을 위한 서비스와 자신의 이미지 관리를 위한 활동이었을 거다. 결국 그 때 그를 설득시킬 수 있었던 것은 돈이라는 물질적인 힘이 아니라 팬들을 위한 서비스와 우리 경제를 위해 벤처를 살리자는 명분이었던 것이다.

전설의 박치기 왕
김일 선수의 은퇴식

TV가 흔치 않던 시절의 향수를 그린 한 전자회사 TV광고를 보며 4년 전 김일 선수의 은퇴식을 위해 열심히 뛰어다녔던 일을 떠올렸던 적이 있다. 그 광고는 이렇다. 지점토로 만들어진 아이들이 일제히 한 집으로 몰려간다. TV를 보러 동네 부잣집으로 몰려드는 것이다. 그 중 한 아이는 나무를 타고 올라가 그 집 담 너머로 열심히 뭔가를 들여다본다. 프로레슬러 김일 선수가 박치기를 날리는 장면에서 아이들은 한바탕 난리를 친다.

한국이 낳은 세계적인 프로레슬러 박치기 왕 김일. 요즘 신세대들은 잘 모르겠지만 삼십대 중반이상의 사람들이라면 박치기의 영웅 김일 선수를 기억할 것이다. 박치기와 코브라 트위스트, 풍차 돌리기 등의 주특기로 예전의 프로 레슬링 팬들에겐 그의 카리스마 넘치는 경기가 대단한 화제였다.

6~70년대 대한민국 국민들에겐 김 일의 '박치기 한 방'은 피곤에 찌든 몸과 마음을 말끔히 회복시켜 주는 박카스 같은 것이었다. 치직거리는 흑백 TV 속이었지만 김 일에게 보내는 환호는 열광적이었다.

우리들에게 김 일은 '할 수 있다'는 용기와 희망을 심어준 사람이었다. 그 당시 레슬링은 즐기며 볼 수 있는 스포츠라기 보다는 꿈과 희망을 대리 만족할 수 있는 유일한 위안제였던 것이다. 쉴 새 없는 상대방의 공격에 밀려있다가도 박치기 한 방으로 전세를 역전시키는 그를 보며 국민들은 다시 일어설 수 있다는 희망에 젖어 들었다. 그만큼 그 당시 김 일의 의미는 큰 것이었다.

하지만 세월이 흐르고 그는 잊혀졌다. 그가 받았던 박수에 비해 사람들은 그를 아주 빨리, 냉정하게 잊었다. 대신 그 자리에 프로야구, 프로축구, 농구 대잔치 등에서 배출된 새로운 스타가 자리를 메웠고 김 일 선수는 왕년의 스타로 완전히 잊혀졌다. 그는 병든 몸으로 쓸쓸한 말년을 보내고 있었다.

그러나 우리가 한 시대를 풍미했던 김 일을 잊고 있는 동안 일본의 레슬링 영웅이자 김일 선수의 라이벌이었던 안토니 이노키가 먼저 그를 초대해 '김일 선수 은퇴식'을 마련해 주었다. 김일 선수는 우리나라에서보다 일본에서 더 팬들의 환호를 받으며 은퇴식을 가졌던 것이다. 나는 이노키의 의리가 부럽다.

내가 김일 선수에게 관심을 갖게 된 것은 내가 다니는 교회의 어느 전도사님으로부터 그의 얘기를 듣게 되면서부터다. 김일 선수 후원회장을 맡고 있던 전도사님은 한 이벤트 기획사와 김일 선수의 은퇴식 준비를 하고 있었다. 그런데 일이 잘 안됐던지 중도 포기된 채 나에게 다시 은퇴식 얘기를 꺼냈던 것이다.

2000년 초 IMF를 벗어나기 위해 모두들 열심히 뛰던 때였다. 그 때 우리에겐 진짜 희망이 필요했다. 다시 일어날 수 있다는 파워를 보여주는 영웅이 필요했다. 나는 김일 선수를 기억하고 있는 국민들에게 그를 통해 희망의 메시지를 찾을 수 있는 시간을 갖게 하고 싶었다. 그래서 김일 선수 은퇴식을 맡았고 좀더 색다른 은퇴식을 위해 여러 가지 이벤트를 생각했다. 그 중 한 가지가 바로 '100만인 팬레터' 였다. 그의 팬들이 아직도 그를 사랑하고 있다는 것을 보여주고 싶었던 것이다. 특히 그 때 김일 선수는 고혈압으로 쓰러진 후 지인들의 도움으로 투병생활을 하고 있었기 때문에 무엇보다 많은 위안이 될 수 있을 것 같았다.

나는 100만인 서명을 받을 수 있는 대형 종이를 만들기 위해 한 종이업체로 전화를 걸었다. 김일 선수 은퇴식에 쓰인다는 의미도 있지만 기네스북에 오를 수도 있는 일 아니냐며 설득했지만 종이업체는 단순히 만들

수 있는 기계가 없다는 이유로 단번에 거절하고 말았다. 사실 큰 종이를 이어 붙일 수도 있는 문제 아닌가. 고심하던 우리 기획팀은 종이 대신 대형 현수막을 제작하고 그 현수막 위에 인터넷에 올라온 팬들의 글을 인쇄했다.

2000년 3월 장충 체육관에서 열린 김일 선수의 은퇴식은 그를 기억해준 많은 할아버지, 할머니와 3~40대의 팬들로 따뜻하게 채워졌다. 그를 만나기 위해 찾아준 기자들도 많았다. 은퇴식 장면이 TV에 방송되어 당시 열렬한 팬이었던 많은 사람들의 가슴에 훈훈한 시간을 만들어주기도 했다. 뒤늦게나마 관심을 가져준 각 언론사들에게 나는 그저 고마울 따름이었다.

사실 나는 은퇴식이라는 이벤트도 중요했지만 어렵게 살고 있던 김일 선수에게 경제적으로도 많은 도움을 주고 싶었다. 하지만 후원을 약속했던 사람들이 언론에 얼굴을 내비칠 수 있는 기회로만 삼고 후원 약속을 지키지 않아 김일 씨에게 큰 도움을 줄 수 없었던 점이 지금도 마음이 아프다.

처음 기획 단계부터 나는 은퇴식을 수익 사업으로 전혀 생각하지 않았지만 생각했던 것보다 우리 회사에도 손해가 많았다. 하지만 나는 뿌듯했다. 힘들고 지쳐있는 사람들에게 희망을 주는 일이었다는 점에서도 마음이 따뜻했지만 은퇴식을 준비하면서 나 자신 스스로도 희망을 찾는 시간이었기 때문이다.

은퇴식을 끝낸 후 새벽 2시에 나는 한 통의 전화를 받았다. 은퇴식 내내 긴장되면서도 아주 편안한 얼굴로 행사를 지켜보던 김일 씨로부터 걸려온 전화였다.

"최사장, 고맙습니다. 이렇게까지 많은 준비를 해줘서 정말 감사하다는 얘기를 꼭 하고 싶었어요. 100만 명의 팬레터를 이렇게 한꺼번에 받은 사람은 아마 나밖에 없을 겁니다."

나는 내가 당연히 해야 할 일을 했던 것 뿐이라고 생각하고 있어서 오히려 그의 감사가 미안하고 죄송스러웠다. 더구나 그에게 경제적으로 큰 도움을 줄 수 없었다는 점 때문에 더욱 마음이 아팠다.

"김일 선생님은 우리들에게 영웅입니다. 우리들에게 희망의 증거라구요. 우리들에게 용기를 주셨던 것처럼, 선생님도 용기 잃지 마시고 건강하십시오."

그날 새벽 2시의 전화는 지금도 내게 가장 행복하고 따뜻한 기억으로 남아있다.

김일 선수는 20여 년의 선수 생활 동안 3,000회가 넘는 경기를 했으며 링 위에서 처절하게 싸웠다. 그는 은퇴를 앞두고 받은 '체육훈장 맹호장'으로 국민적 스타였음을 다시 확인했다.

'최웅수와 혼수상태'의 꿈

2003년을 보내고 2004년을 맞는 새해는 그 어느 해보다 즐겁게 시작됐다. 큐앤에스와 모아 베이비 등 모든 직원들이 함께 어울려 흥겹게 즐기며 새해의 업무를 시작하는 시무식을 가졌던 것이다.

원래 나는 거창한 모임을 좋아하는 편이 아니다. 무슨 기념식이든, 어떤 목적을 가지고 모인 자리에서든 나는 늘 자연스럽지 못하다. 그렇다고 모든 형식을 파괴하고 내식대로만을 주장하는 것은 아니다. 어떤 사회나 직장이나 서로 지켜야 할 형식은 반드시 있어야 한다. 그래야 나름대로의 질서가 잡히고 서로 연대감을 가질 수 있기 때문이다. 문제는 그 형식 안에 담겨지는 내용이다.

특히 한 해를 마무리 짓는 송년회나 새해를 시작하며 갖게 되는 회사의 시무식 분위기는 내겐 늘 불만이었다. 송년회는 술과 함께 시작해서 술로 끝나기 일쑤였고, 딱딱한 회의실에 몰려 앉아 마치 출정식이라도 하듯 선서식으로 일관되는 시무식 분위기도 영 마음에 들지 않았다. '다음은 사장님 말씀이 있겠습니다' 의 순서가 되면 나는 정말 쑥스러웠다. 이 엄숙한 분위기에서 나는 과연 어떤 말을 해야 하는 것인가. 평소 아무 격의 없이 대하던 직원들 앞에서 나는 얼마만큼의 무게를 잡으며 '사장님 말씀' 의 시간을 채워야 하는가. 나는 늘 고민스러웠다.

천편일률적인 이런 기념식 분위기에서 벗어날 수는 없을까, 활기차고 재미있게 한 해를 마무리 짓고 새해의 새 기운을 받을 수 있는 방법이 없을까, 생각하던 중에 캐주얼 브랜드 엘록팀과 회식을 할 기회가 있었다. 그 때 록 그룹에서 드러머로 활동했던 엘록팀의 한 디자이너 얘기를 들었다.

"직원들로 구성된 사내밴드를 결성해보면 어떨까? 깜짝쇼처럼 밴드가 흥을 돋구면 재미있지 않을까?"

단순히 재미있을 것 같아 불쑥 꺼낸 아이디어였는데, 직원들의 반응이 좋았다.

"신날 것 같애요."

"무슨 일이든 신바람이 나야 더 기운차게 일 할 수도 있죠."

음악이 있는 자리라면, 딱딱한 분위기에서 벗어나 서로 마음을 터놓고 즐길 수 있는 시간을 만들 수 있을 것 같았다. 그 즉시 우리는 악기를 다룰 수 있는 직원들을 찾아냈다. 그런데 키보드를 맡을 사람이 없었다. 나는 사실 이랜드 시절 찬양대의 반주도 맡긴 했지만 직원들과 호흡을 맞춰 밴드를 구성 하기엔 좀 실력이 모자란 것 같아 나설 수가 없었다. 하지만 실력 있는 연주보다는 직원들과 함께 어울려 뭔가 할 수 있다는 점이 더 중요한 것 아니겠는가. 그래서 내가 나서서 건반을 맡기로 했다.

깜짝쇼를 준비하는 내내 우리는 정말 즐거웠다. '봄여름가을겨울' 의 '어떤이의 꿈', '윤도현 밴드' 의 '사랑2' 등 직원들이 직접 선정한 인기가요 다섯 곡의 레퍼토리도 정했고 몇 번의 연습 시간도 가졌다.

그런데 직원들과 시무식을 하기 전 날 나는 컨디션이 좋지 않았다. 40도까지 오르내리는 열에 하루종일 시달렸다. 하지만 직원들에게 아프다고 하면 핑계처럼 들릴 지도 모른다는 생각이 들었다. 그리고 나도 꼭 함께 하고 싶었다. 나는 아픈 몸을 이끌고 시무식 장소로 갔다. 몸은 아팠지만 직원들이 즐거워 하는 모습을 보니 기분이 좋아졌다.

우리는 작은 콘서트와 함께 직원들이 모델로 참여하는 패션쇼도 열었다. 물론 나도 모델로 무대에 섰다. 그런데 설마 그런 의상을 준비해줄 거라곤 상상하지 못했다. 직원들은 내 의상으로 빤짝거리는 은박으로 된 민소매 티셔츠를 준비한 것이다. 나는 한 순간의 괴로움으로 모두 웃을 수 있다면 충분히 감수할 수 있었다. 그 날 나의 패션은 직원들에게 잊지 못할 센세이션을 일으킨 모델로 꼽혔다.

송년회 때, 그리고 2004년 시무식 때 사내밴드는 기대 이상으로 대단한 효과를 거두었다. 우리는 음악 속에 한마음이 되어 한 가족으로 다시 뭉쳤다.

송년회 때의 얘기를 듣고 각 방송사 뉴스를 비롯해 'SBS-아주 특별한 아침' 프로그램에서 취재를 나올 정도였다. 톡톡 튀는 송년회와 시무식 때의 분위기가 꽤 신선하게 느껴졌던 모양이다. 취재하러 온 기자가 붙여준 이름이긴 하지만 '최웅수와 혼수상태'가 함께 부르는, 우리들의 내일의 꿈은 계속될 것이다. 시무식 때 우리는 소중한 우리의 꿈을 간직하기 위해 특별히 '타임캡슐'을 만들어 직원들 각자의 소원을 담은 물건이나 카드를 집어넣었다. 5년 후 다시 열게 될 그 타임 캡슐 속의 우리들의 소원은 어느 정도 이루어질까? 지금부터 5년 후가 자꾸 궁금해진다.

사업하면서 가장 행복한 순간은 큰 계약을 성사시켰을 때나 성공한 사업가란 말을 들을 때보다, 나와 함께 한 사람들과 기쁨과 정을 나누고 그들이 나와 함께 일하면서 더 큰 사람으로 거듭나는 순간을 지켜볼 수 있는 때다. 내가 이렇게 느끼듯이 직원들 역시 회사를 사랑하는 마음은 매출 증대에서 오는 게 아니라는 생각을 한다. 서로가 얼마나 믿을만한 존재인가, 서로 얼마나 속 털어 놓고 함께 더불어 살 수 있는 관계냐에 따라 그 사랑의 농도는 훨씬 달라질 수 있는 것이다.

나는 늘 직원들이 생각하는 회사와 그들의 비전에 대해 고민한다. 만약 월급을 비전의 근거로 생각하는 사람이라면 그는 월급을 더 많이 주는 회사로 갈 것이다. 복지시설이나 그에 따른 지원금을 우선 생각한다면 그는 또 그를 만족시킬 수 있는 다른 회사를 선택할 것이다.

나는 적절한 연봉과 일의 결과에 따른 승진제도, 문화 생활을 즐길 수 있게 배려해주는 것도 중요하지만 우선 회사에 대한 자부심이 기본이 돼야 한다고 생각한다. 우리 회사를 생각했을 때 뿌듯해질 수 있는 것들, 다른 사람들에게 소개해도 전혀 부끄럽지 않은 회사에 대한 자부심이 기본이 되었을 때 그 기업이란 나무는 더 튼튼하게 뿌리내릴 수 있는 것이다.

그것을 위해 나는 '용천 어린이 돕기 캠페인' 같은 사회적인 캠페인에 동참하고 큰 행사에 적극 나선다. 이런 대의 명분을 위해 움직이는 한편으론 직원들 한 사람 한 사람을 위해 인재 교육에도 많은 관심을 가지고 있다. 많은 것을 보고 체험할 수 있는 해외 교육의 기회를 주기도 하고, 가족들과 함께 나들이 할 수 있는 기회를 마련하기도 한다.

최근에 나는 직원들의 교육과 인사 문제를 책임질 수 있는 담당 차장을 별도로 채용했다. 면접을 보면서 나는 응시한 사람들에게 3가지 질문을 던졌다.

"우리 기업 중 삼성과 현대 그리고 대우의 차이점은 무엇이라고 생각합니까?"

"이렇게 아직까지는 작은 규모의 큐앤에스에서 당신 같은, 교육과 인사 전문 담당을 채용하는 이유가 뭐라고 생각합니까?"

"내가 왜 지금 당신을 뽑으려고 하는지 아십니까?"

내가 그들에게 듣고 싶었던 답은 이런 거다. '대우와 현대는 창업주의 운명에 따라 회사의 운명도 결정된 기업이다. 반면에 삼성은 완벽한 하나의 조직, 즉 시스템으로 움직이는 회사다. 이제 큐앤에스도 회사 내 각 조직들의 시스템화가 필요한 시기가 온 것 같다.' 두 번째 질문에 대해 내가 생각한 적절한 답은 이렇다. '회사가 직원들을 위해 비전을 제시해주고 싶기 때문이다.'

그리고 나는 마지막 질문을 하면서 그들에게 내 솔직한 심정을 얘기했다. 이제 나도 좀 편안해지고 싶어서라고. 내가 지금까지 치열하게 싸워왔다면 이젠 쉬는 시간이 필요하지 않겠냐고. 이런 여유와 쉬는 시간은 직원들도 마찬가지로 필요하다. 축구 경기도 전반전과 후반전 사이에 쉬는 시간이 있다. 권투도 그렇다. 한 라운드가 끝나면 피켓걸들이 나와 다음 라운드를 알려주는 제스처로 관객들을 즐겁게 해주고 대신 선수들은 잠시 숨을 고를 수 있다. 직원들도 반드시 이런 재충전의 시간은 필요하고 나는 그 시간을 좀더 효율적으로 보낼 수 있는 교육 시스템을 마련하기 위해 전문 담당 직원을 채용한 것이다. 나는 앞으로도 큐앤에스형 인재 양성과 그 실질적인 교육에 많은 투자를 할 생각이다.

큐앤에스에서 배출된 인재를 중심으로 나는 큐앤에스를 모체로 하는 소사장제를 적극 실현하고 싶다. 보다 전문적인 시각을 가지고 일할 수 있는 사람들, 그래서 자신이 일한만큼의 정당한 대가를 인정 받을 수 있는 제도를 마련하고 싶다. 능력 있는 직원들이 책임감을 가지고 자신의 꿈을 펼칠 수 있는 그 기초를 큐앤에스를 통해 만들어 주고 싶은 것이다.

사랑으로부터 출발하라

우리는 사랑하는 사람을 위해서라면 모든 정성을 다 쏟는다. 사랑하는 사람을 즐겁게 해주고 싶어하고 자신과 생각이 다르더라도 그 사람을 이해하고 배려하려는 노력을 한다. 그 사람으로부터 관심을 끌기 위한 갖가지 방법을 짜내기도 한다. 그 사람이 정말 원하는 것이 무엇인지 열심히 연구하고 그 사람을 만족시킬 수 있는 어떤 방법이라도 찾아내고야 만다. 심지어 사랑에 목숨을 걸 때도 있다.

회사를 경영하면서 나는 직원들과 어떤 일에서든 늘 함께 해야 한다는 생각을 잊은 적이 없다. 그 중 특히 내가 항상 염두에 두는 것은 직원 한 사람 한 사람의 특별한 날 챙기기다. 그 날이 결혼식이나 아이 돌잔치 같은 즐겁고 유쾌한 자리가 될 수도 있다. 때론 사랑하는 가족을 떠나보내는 힘겨운 자리가 될 수도 있다. 나는 그런 자리에서 그들과 함께 하는 사람, 그들의 기쁨이나 슬픔을 함께 나누어 가질 수 있는 사람으로 남길 원한다. 그래서 직원들의 여러 가지 경조사엔 빠지지 않으려고 노력한다. 어떤 특별한 약속도 직원들의 이런 경조사보다 우선일 수 없다. 내 수첩 속에 빼곡하게 적혀있는 직원들의 특별한 날이 슬픈 날보다는 기쁨의 날이 더 많았으면 좋겠지만...

어떤 회사도 단지 그 회사만을 위해 존재해서는 안 된다. 회사도 결국은 사람을 위해 존재하는 것이다. 사장이 기업만의 이익을 내기 위해 몰두하거나 자신의 재산 불리기에만 정신을 판다면 그 회사는 결국 문을 닫게 되고 말 것이다. 회사를 일으키고 더 크게 발전시킬 수 있는 것은 새로운 기술이나 돈만의 문제가 아니다. 새로운 기술이나 투자되는 돈으로 회사를 한 단계 더 끌어올릴 수는 있지만 그 돈도, 기술도 모두 사람이 직접 다루는 일이다. 만약 그 과정에서 사람보다 기술이나 돈을 더 우선 순위에 둔다면 결과는 뻔하다. 사람을 잃게 되면 돈이나 기술도 가치가 없어진다.

회사가 더 발전하기 위해서는 끊임없이 아이디어를 내야 하고 그 아이디어는 바로 사람에게서 나온다. 특히 고객의 서비스 업무를 주요 원동력으로 하는 우리 회사의 경우 그 어느 회사보다 직원들의 살아있는 힘과 아이디어가 절대적이다. 그래서 사장과 직원 또는 직원과 직원들 사이의 끈끈한 정과 사랑이 필요한 것이다.

 다른 사람의 행복을 생각하는 사랑의 마음, 그것이 세상을 따뜻하게 해

주리라는 것을 나는 믿는다.

도시락데이, 비어데이 날
만납시다!

나는 직원들에게 업무 지시를 할 때, 또는 문득 그의 요즘 생활이 궁금해질 때 문자 메시지를 적극 활용한다. 신세대식으로 표현하면 엄지족인 셈이다. 내가 문자 메시지를 날리는 걸 본 사람들은 엄지손가락이 거의 안보일 정도로 빠르다며 놀라기도 한다.

문자 메시지는 여러 면에서 아주 편리하다. 정확하고 빨리 내 생각을 전달할 수 있다. 회의를 하다가도 그 회의에 방해를 주지 않으면서 다른 사람에게 자료를 알아봐달라거나 그 일을 계속 진행할 수 있는지의 여부를 즉시 알아낼 수도 있다. 가령 '목요일 박이사 금요일로 옮기고 그 쪽 사장님 일정 맞춰 담 주 중 약속 잡을 것', '엘록 사이트 전직원 들어가 보고 의견체크 하라고 할 것' 등 비서에게 전달하는 간단한 내용으로 업무를 신속하게 처리할 수 있다.

문자 메시지는 사실 업무에서보다는 직원들과의 개인적인 친분 쌓기에 더 많이 활용되는 편이다. 직접 얼굴 맞대고 얘기하는 것보다 문자 메시지를 날렸을 때 더 부드러워 질 수 있는 상황에서 문자 메시지는 제격이다. '시댁 부모님께 인사 드렸다면서? 언제 결혼하냐? 흥이다. ㅋㅋㅋ', '햇살 좋은 오늘 태어난... 너무너무 축하 드립니다. 최고의 하루 보내길 -최웅수-', '역시 최고의 비서야. 물론 나한테만^^ 남친이랑 잘 놀고 즐거운 주말 보내라' 처럼 아주 정겨운 메시지를 주고 받을 수도 있다. 그러면 직원들과의 사이가 한층 더 유연해진다.

직원들은 나를 아이디어맨이라고 한다. 불쑥불쑥 던지는 아이디어가 기발하고 재미있다는 것이다. 물론 내 아이디어가 신선할 때도 있다. 하지만 대개는 내 아이디어라기보다는 직원들의 머릿속에서 뱅뱅 돌고 있던 어떤 정리되지 않은 생각들을 잡아내는 경우가 많다. 직원들과 함께 얘기를 나누다가 그들이 던지는 말 한마디에서 한 걸음 더 나아가면 의외로 굉장한 아이디어가 되는 때도 있다.

그래서 나는 직원들이 잠시 쉬는 간식 타임에 나를 왕따시키면 굉장히 섭섭해 한다. 워낙 떡볶이나 김밥, 만두, 과자 같은 것들을 먹으면서 얘기하는 걸 좋아하기도 하지만 무심코 던지는 그들의 수다 속에서 나올지도 모를 아이디어 하나를 놓친 것 같아 서운해지기도 하는 것이다. 그 어느 때보다 간식 타임의 왕따 때문에 내가 제일 심하게 삐친다는 걸 잘 아는 직원들은 요즘은 과자를 사 들고 사장실로 와서 수다를 떨거나 함께 분식집에 가자며 먼저 말을 걸기도 한다.

이랜드 시절 내 별명은 '팡파레'였다. 워낙 군것질을 좋아해서 붙여진 별명이다. 나는 이랜드의 영업부 근무 시절 매장을 돌 일이 있을 때마다 팡파레같은 아이스크림을 사 들고 다녔다. 특히 매장의 여직원들과 얘기를 나눌 때면 군것질거리는 필수였다. 그들과 수다를 떨 채비를 하지 않으면 어떤 얘기도 마음 편하게 나눌 수 없다. 사심 없이 던지는 얘기에서 나는 직원들의 마음을 훨씬 더 가깝게 읽을 수 있었다.

우리 회사 달력엔 쉬는 날 외에 빨간 동그라미가 쳐지는 날이 두 번 더 있다. 매달 한 번씩 계열사의 전직원들이 함께 모여 맥주를 마시는 일명 '비어데이 (Beer day)'와 매달 셋째 주 수요일이면 회사 옥상에 올라가 직원들과 같이 도시락 점심을 먹는 '도시락데이'다.

처음 비어데이나 도시락데이를 정해 직원들끼리 모여보는 게 어떻겠냐는 얘기를 했을 때 임원들이 반대를 했었다. 요즘 젊은 직원들은 개성이 강해서 함께 모이는 걸 별로 좋아하지 않을 거라는 이유에서였다. 하지만 내 생각은 달랐다. 자신의 강한 개성은 오히려 많은 사람들이 함께 모여 있을 때 더 빛이 나는 것이다. 더구나 색깔 있는 개성들이 모여 한가지 뜻으로 뭉치면 정말 화려하면서도 독특한 그림이 그려질 수 있을 것 같았다.

직장은 개성이나 사고 방식이나 생활 환경이 서로 다른 사람들이 모여서 함께 일하는 곳이다. 당연히 부딪치게 되는 일도 많고 업무를 진행하면서 생긴 작은 오해들로 인해 상대방을 배척하게 되는 상황에 처해질 수도 있다. 작은 오해들을 풀 수 있는 시간을 마련하고 서로의 업무에 대해 이해를 하고 배려해줄 수 있는 기회를 자주 갖는 것은 그래서 아주 중요하다.

나는 일단 한 번 해보기로 정하면 밀어 부치는 편이어서 며칠 후 비어데이는 조촐하게 열렸다. 호프집을 빌려 맥주를 마시며 함께 얘기를 나누는 비어데이 때, 염려하던 것과 달리 직원들은 아주 좋아하는 것 같았다. 그 동안 터놓고 얘기하지 못하던 것들을 술술 털어놓는 사람도 있었고, 나도 이 회사의 한 사람이라는 소속감을 확인할 수 있었다는 게 대부분의 반응이었다.

도시락데이를 가져보려고 하던 때도 그랬다. 처음 내 생각은 각자 집에서 도시락을 싸 가지고 와서 나들이 삼아 옥상에 올라가 먹어보면 어떨까? 하는 것이었다.

"중 고등학교 때의 친구들이 지금도 제일 허물 없는 이유는 서로 도시락을 까먹던 친구들이기 때문인 거야. 내 꺼 니 꺼 가리지 않고 서로 나눠 먹으면서 뱃속까지 친해지게 되거든. 친구네 집 김치 맛이며 콩자반

맛까지 다 보는 거지. 그러니까 서로 도시락을 싸 가지고 오면 더 친해지지 않을까?"

"좀 번거롭게 생각하는 직원들도 있을 거예요. 은근히 반찬도 신경 쓰이고 괜히 스트레스 받으면 어떻게 해요?"

홍보실 직원들과 도시락데이에 대한 얘기를 나누면서 그 방법은 조금 수정되었고, 도시락은 회사에서 준비하기로 했다. 도시락데이 역시 지금까지 모든 직원들이 소풍 가는 날처럼 기분 좋게 참여해주고 있다.

조류독감 파동으로 닭고기 소비가 급감하면서 양계 농가가 어려움을 겪고 있었을 땐 닭고기 요리로 점심 도시락을 마련해 직원들과 함께 나눠 먹기도 했었다. 모아베이비에선 매달 실시하는 직원 생일 축하 파티에 생일 케이크 대신 통닭을 선물 했고, 영화 예매 사이트 '무비 OK'를 통해 고객에게 닭고기 상품권을 경품으로 주는 이벤트를 진행하기도 했다. 이런 도시락데이의 이벤트는 전세계적인 조류독감 파동을 함께 헤쳐 나가는데 우리 직원들도 마음을 보낼 수 있는 좋은 기회가 됐던 것이다.

그렇게 우리는 매달 셋째 주 수요일 점심 때면 도시락 하나씩 들고 회사 옥상으로 소풍을 간다. 모처럼 하늘을 한 번 쳐다볼 수 있는 여유도 갖는다. 사실 도시락 하나 같이 모여 먹는 게 직원들의 유대 강화에 무슨 큰 도움이 되겠냐는 생각을 할 수도 있겠지만 정(情)이란 것은 어느날 갑자기 생기는 게 아니다. 작은 일 하나에서부터 끈끈하게 맺어질 때, 세월이 흘러 서서히 서로에 대해 느낄 수 있는 속 깊은 감정인 것이다.

수많은 사람들 중에서 '한솥밥 먹으며 함께 생활하는 인연'은 얼마나 대단한 인연인 것인가.

열린 마음으로 의견을 수용하라

한 때 '회장님 우리 회장님'이란 코미디 프로에서 '딸랑 딸랑'이 유행한 적이 있었다. 회장님 옆에 바짝 붙어 서서 딸랑이 흉내를 내던 한 임원의 모습은 정말 우스꽝스러웠다. 회장님 듣기 좋은 소리만 해대는 그의 몸짓이나 말은 결정권자의 안목이 어떻게 흐려질 수 있는지, 그 회사가 어떻게 망할 수 있는지를 단적으로 보여주는 것이었다.

만약 내가 다른 사람을 대할 때, 특히 직원들과 함께 할 때 내 이야기만 늘어놓거나 내 주장만 내세운다면 어떻게 될까? 아마 직원들은 어떤 일에서든 내 눈치를 보게 될 것이다. 사장이 좋아하는 취향인지, 사장이 받아들일 것인지를 판단의 기준으로 삼을 것이고 그런 환경 속에서는 절대 기발한 아이디어나 획기적인 기획이 나올 수 없다.

또 만약 내가 다른 사람의 얘기를 늘 부정적인 시각으로 듣는다면 어떻게 될까? 불가능한 요인이나 실패할 수도 있다는 점에 사로잡힐 것이고 그러면 어떤 아이디어도 받아들일 수 없게 될 것이다. 결국 나는 모든 일에 사사건건 반대하는 얘기만 하고 상대방은 이야기하려던 것을 다 털어놓을 수 없다.

아무리 창의력이 뛰어난 사람이라고 해도 혼자서 모든 생각을 다 할 수는 없다. 특히 요즘처럼 다양하고 복잡한 세상에서 나 혼자만의 아이디어는 한계를 가질 수 밖에 없다.

CEO는 모든 일에 배타적이 되어서는 안 된다. 열린 마음으로 모든 상황을 받아들일 줄 알아야 하고 특히 다른 사람의 의견을 잘 수용할 수 있어야 한다. 물론 나는 모든 일과 사람을 무조건 긍정적으로만 받아들이지는 않는다. 하지만 일단 마음을 열어놓고 어떤 것이든 수용할 준비를 하면 장점과 단점을 쉽게 구별할 수 있게 된다. 이런 점들은 마지막 결정을 내려야 할 순간에 많은 도움이 된다.

리더(leader)란 말 그대로 '이끄는 사람, 앞장서는 사람'이다. 구성원들이 각자의 능력을 잘 발휘할 수 있도록 밀어주고 끌어주는 사람인 것이다. 그들이 가지고 있는 능력의 100% 모두 보여줄 수 있도록 끌어주는 가장 큰 힘은 그들의 이야기를 진지하게 들어주는 일이다.

나는 언젠가는 직원들과 공동대표가 될 수도 있다는 생각으로 일을 한다. 그만큼 그들의 가능성을 믿고 의지하기 때문이다.

스타와 팬을 함께 매니지먼트 한다

요즘은 스타의 시대다. 스타가 움직이는 곳엔 곧 수익이 창출된다. 현재 한국에서 뿐만 아니라 일본에서 인기를 얻고 있는 가수 보아를 보더라도 그렇다.

보아가 한해 판매하고 있는 음반 판매량과 광고 수입을 포함해 한국과 일본에서 벌어들인 수익은 엄청나다. 아마 웬만한 중소 기업이 벌어들이는 수익과 크게 다르지 않을 지도 모른다.

이제 보아는 단순히 연예인이 아니라 한국 대중 문화의 상징이자 문화 상품이다. 더구나 요즘은 '한류 열풍'과 '한류 스타'들의 인기로 인해 국가 인지도가 높아지는 결과를 가져왔다.

이런 인기 스타 뒤에는 항상 거대한 매니지먼트사가 존재한다. 이런 매니지먼트사는 한 사람의 스타를 키우기 위해 끊임없이 노력하고 경쟁한다. 어떤 한 분야에서 스타를 잘 키우면 그 매니지먼트사는 그 스타만으로 그 분야에서 최고의 매니지먼트사가 된다. 그래서 매니지먼트사는 스타 영입에 그 만큼 힘을 기울이고 경쟁을 하게 되는 것이다.

나는 영화, 공연, 이벤트 등의 엔터테인먼트 사업을 전개해오면서 매니지먼트 사업에도 관심을 가지고 있었다. 그리고 4년 전 우연히 모 방송국 피디의 권유로 매니지먼트 사업을 시작하게 되었다.

나는 특히 매니지먼트 업무에도 CRM을 적용한 마케팅을 펼치고 있다. 기존의 매니지먼트는 탤런트나 가수로 데뷔시키고, 스케줄을 잡아주거나 활동에 필요한 뒷바라지를 하는 일에 그쳤다. 물론 최근 들어 스타를 만드는 기획력이나 마케팅이 중요시 되고 있지만 그것이 팬들과 직접 연결되는 마케팅으로 발전하지는 못하고 있다.

그러나 나는 큐엔에스가 보유하고 있는 고객의 성향, 특징 등 데이터베이스를 활용해 팬들과 밀착된 매니지먼트를 할 수 있다. 고객들의 성향 분석부터, 이 분석을 토대로 좋은 의미의 캠페인도 벌일 수 있다. 이런 관리야 말로 미래의 매니지먼트 사업의 중요한 경쟁력이 될 것이다.

스타를 키우는 매니지먼트 사업을 하면서 나는 몇 가지 성공 요인에 대해 생각했다. 우선 매니지먼트 사업의 가장 중요한 것으로 나는 기획력을 꼽는다. 뛰어난 기획력을 갖기 위해선 대중보다 먼저 미래를 내다 볼 줄 알아야 하며, 한 발 앞서 대중을 리드 할 수 있는 코드를 찾아내는 안목이 있어야 하고 그것을 기획력으로 이끌 수 있어야 한다.

또한 철저한 사전 기획으로 스타를 만들었다면 대중에게 어떤 방법으로 어필할 것인가, 처음 어떤 이미지로 대중에게 인식시킬 것인가도 중요하다. 이것이 마케팅 능력이다. 스타를 홍보하는 마케팅 능력에 따라 그 스타의 상품 가치는 한없이 높아질 수 있다. 요즘은 가수로 데뷔했지만 음반이 나오기 전에 드라마나 시트콤에 출연해 얼굴을 먼저 알리기도 하고, 노래만 발표하고 얼굴 없는 가수로 활동하면서 궁금증을 더 증폭시키는 등 여러 각도로 마케팅이 이루어지기도 한다.

그리고 또 한 가지! 무엇보다도 대중 문화는 그 문화를 함께 공유하는 고객 즉 대중과 함께 누려야 한다. 대중과 함께 호흡하고 누릴 때 대중 문화는 그 빛을 발휘한다. 스타도 그들의 팬들과 함께 가지 않는다면 스타의 생명력은 짧아진다.

나는 대중들이 원하는 것이 무엇인지, 어떻게 가야 하는 지에 대한 데이터가 있다. 이런 데이터베이스는 변화하는 대중의 욕구에 맞춰서 기획하는데 중요한 역할을 해준다. 바로 이런 점을 활용한다면 CRM 매니지먼트는 더욱 큰 효과를 거둘 수 있다.

매니지먼트 팀은 현재 탤런트 이 보희 씨와 최근에 계약한 탤런트 박현숙, 그리고 탤런트 이 자영 등과 계약 관계를 맺고 있다. 이 보희 씨는 나이가 들어도 여전히 아름답고 고급스러운 이미지를 가지고 있다. 그래서 스타의 이미지를 살릴 수 있는 스타 마케팅의 한 방법으로 액세서리를 이 보희 브랜드로 만들면 어떨까 하는 생각을 가지고 있다.

매니지먼트 사업은 앞으로 내가 다양한 아이디어로 풀어나갈 수 있는 도전을 요구하는 분야다.

틈새 마케팅, 충분히 경쟁력 있다

나는 연예 정보 사이트나 캐스팅 사이트에도 관심이 많다.

어느날 인터넷 검색을 하다가 우연히 가수, 영화배우, 탤런트 지망생들의 사진이 나와있는 캐스팅 전문 사이트를 보게 되었다. 그런데 그 사진이 다 똑 같아 보였다. 이미지도 똑같고, 심지어 머리 스타일도 비슷하다. 나중에는 누가 누군지 구분이 되지 않았다.

나는 내가 나를 볼 때 어디를 먼저 볼까? 순간 이런 생각이 들었다. 눈부터 보지는 않나? 만약 모델이나 예쁜 탤런트처럼 전체적으로 완벽한 건 아니지만 어떤 한 부분에 자신 있는 사람들을 모아서 선발 대회를 하면 어떨까? 불쑥 이런 아이디어도 떠올랐다. 다리와 손, 발 등의 부분 모델을 보면 매일 똑같이 생긴 모델들을 보는 것보다 재미 있을 것 같았다.

그래서 그 때 미투 스타 (me2star), 곧 나도 스타라는 뜻인 미투 스타 사이트를 만들게 됐다.

나는 즉시 '부분 모델, 엽기 모델 선발 대회' 를 열었고 우선 자신이 가장 자신 있는 손이나 헤어, 다리, 가슴 등 부분 모델을 선발했다. 기상천외한 무대였다. 참가자도 학생, 회사원 등 다양했다. 우리는 예쁜 스타가 아닌 개성이 강한 엽기 스타를 탄생시켰다. 엽기 스타는 우리 주변의 친구이기도 하고 언니, 오빠이기도 하다.

그 중 가장 인상 깊었던 모델이 있었는데 '뚱녀' 라는 닉네임을 가진 모델이었다. 그녀는 탭댄스, 모창, 모노드라마 등 여러 분야에서 다재다능했다.

미스 코리아 대회나 수퍼 모델 대회가 아니었는데도 '부분모델, 엽기모델 선발대회' 는 언론에 대대적으로 홍보가 되었다. 특히 KBS-2TV의 'VJ특공대' 에서 대회 내내 촬영했고, 9시 뉴스에까지 방송되었다.

나는 니치 마케팅(niche marketing), 틈새 시장을 좋아한다. 니치란 남이 모르는 좋은 낚시터라는 은유적인 뜻으로 틈새를 의미하는 말이다. 틈새 시장을 찾는 방법은 특별한 것은 아니다. 남들이 그냥 지나쳐 버리는 부분을 아이디어로 발전 시키는 것이다.

최초로 엽기, 부분 모델이라는 새로운 엔터테인먼트로 자리잡은 미투 스타와 연예 정보 사이트 그루넷의 매니지먼트 사업이 아직은 주목을 받지 못하고 있지만 나는 틈새 마케팅으로 충분히 경쟁력 있다고 생각한다.

제3장 과거는 성공의 출발점이다

'모' 아니면 '도'다!

한가시 일에 미치번 즐겁나

제게는 칼이 있습니다

새로운 것을 두려워 하지 말라

내겐 너무 치열했던 이랜드 직장생활

나만의 매뉴얼을 가져라

이벤트의 귀재

생각의 유연성을 발휘하라

실패에는 이유가 있다

다른 사람의 실패도 눈 여겨 보라

'모' 아니면 '도'다!

어린시절 내게 남아있는 기억은 별로 없다. 아니, 어쩌면 별로 추억하고 싶지 않은 건지도 모르겠다. 아버지는 농촌진흥청의 공무원이셨고, 전형적인 공무원의 타입 그대로 그냥 평범하셨다. 아버지는 형과 누나, 나까지 3남매 교육에 열성이셨던 어머니의 욕심을 충분히 채워주지 못하셨다. 그래서 어머니는 세탁소를 운영하셨고 내 눈에 엄마는 늘 극성적일 만큼 억척스러운 또순이었다.

아버지와 어머니는 가끔 부부싸움을 하셨는데, 그럴 때면 나는 중간에 끼어 어쩔 줄 몰랐다. 빨리 이 상황에서 벗어나야 한다는 생각으로 가득 차있었던 것 같다. 한번은 어머니가 아버지 몸보신용으로 닭을 고아 닭백숙 물을 드시게 하려던 적이 있었다. 어머니는 드셔라, 아버지는 안 먹겠다, 옥신각신 실랑이 끝에 드디어 큰소리까지 났다. 그 때 내가 달려들어 그 노랗게 기름이 둥둥 떠있던 국 대접을 한꺼번에 들이키고 말았다. 그 닭 삶은 물이 어떤 것이었는지는 모르지만 하여튼 나는 그 물을 먹는 순간 다 토해 냈고 놀란 두 분의 싸움은 그것으로 끝이 났다. 그 닭 삶은 물 때문이었는지, 아니면 아버지와 어머니가 싸우고 있는 그 상황에 대한 반발심리 때문이었는지 그 물은 넘어가지 못하고 내 목에 오랫동안 걸려있었다. 그 이후로 지금까지 나는 돼지고기나 닭고기 같은 고기 종류를 전혀 먹지 못한다.

크고 작은 사건이 터질 때마다 어머닌 늘 나를 찾으셨다. 형도 있었고, 누나도 있었는데, 왜 꼭 나만 찾으셨는지 모르지만 그러는 사이에 나는 자연스럽게 강한 생활력을 익혔던 것 같다.

나는 지금도 어머니를 생각하면 뭔가 목에 걸린 것 마냥 울컥해진다. 자식들 성공에만 온 인생을 걸고 또순이처럼 달려온 어머니 삶 속엔 여자의 느낌은 없다. 오직 어머니로서만 생명력을 가지고 있었던 거다.

어머니께 자연스럽게 배운 강한 생활력 때문이었는지 나는 대학시절 아르바이트를 열심히 했다. 단란주점 경리에서부터 몰래바이트 과외까지 여러 가지 아르바이트를 했는데, 단란주점 경리를 보던 첫 날, 사고 쳐서 쫓겨난 일은 지금도 생각하면 웃음이 난다. 그 곳에선 벽에 못을 박아놓고 그 위에 각 테이블의 주문 전표를 꽂아두어야 했다. 나는 13번에 꽂을 전표를 16번에 잘못 꽂아놓는 바람에 16만원 차이가 나서 몽땅 물어내고 쫓겨났던 것이다. 그 땐 용돈이 특별히 궁하지는 않았다. 하지만 부모님께 손을 내밀어서는 안 된다, 내가 벌어서 내가 써야 한다는 생각이 더 컸던 것 같다.

어렸을 때부터 몸에 밴 책임감 때문이었는지 과외를 할 때는 시간 약속 잘 지키고, 대충대충 시간 때우지 않는 선생님이라는 점 때문에 학생들도 어머니들도 아주 좋아했다. 그 때 형은 영어를 가르치고, 나는 수학을 맡아 가르쳤는데 형이 빠지면 내가 대신 그 시간을 다 채워주기도 했다. 나는 돈을 벌면 어머니께 다 드렸다. 가장도 아니었으면서 왠지 그렇게 해야 내 몫을 한 것 같은 안도감이 들었던 것이다.

그 즈음 어머니는 중매 일도 하셨다. 혹여 어머니가 하신 중매 일 때문에 자식들 이미지에 먹칠할까봐 조심스러워 하셨지만 나는 그런 어머니가 더 안쓰러웠다.

어머니에게 자식들은 유일하게 위안 삼을 만한 대상이었고, 자랑거리였으며 어머니의 자존심이었다. 그래서 우리들은 어머니 소원대로 착실하게 공부에만 열중했고 무사히 대학에 들어갈 수 있었다.

중 고등학교 학창시절 내 별명은 '기도합시다' 와 '성자' 였다. 기독교 신앙에 철저한 면도 있었지만 그만큼 윤리 도덕적인 행동만 했다는 거다. 어린시절 '해태' 나 '왕눈이' 같은 별명으로 불리기도 했지만 그 별명들은 단순히 외모에서 따온 것이었고 별로 의미가 없었다. 하지만 학창시절 '성자'란 별명은 내가 그 시절 다른 외부의 모든 것들로부터 나를 얼마나 단속하고 있었는지 금방 느끼게 해준다. 지금 생각해보면 가식적인 태도였지만 그 때 나는 어머니가 심어준 올바른 아들의 길에서 한치라도 벗어날 수 없다는 강박관념을 가지고 있었던 것 같다. 그 길에서 벗어나면 아버지같이 될지도 모른다는 두려움 때문이었다.

하지만 그 때 나는 내 안에 들어있던 끼를 전혀 발견하지 못하고 있었던 것 같다. 이랜드 시절 매장관리를 하거나 특판 일을 진행하면서, 특히 엉뚱하고 이색적인 이벤트를 기획하면서 얼마나 즐겁고 적극적이었는지 그 때 나는 내가 생각해도 전혀 다른 사람이었다. 더구나 사업을 하면서, 사람들과 어울리면서 나는 내 안의 또 다른 나를 만날 때가 있다.

물론 외향적인 성향이 좀 더 많아진 요즘에도 가끔 아주 내성적인 면이 불쑥불쑥 나타나기도 한다. 그래서 많은 사람 앞에서는 아직도 자꾸 쑥스럽다. 나는 그 사람과 일 대일로 만나 얘기하는 걸 좋아한다. 그 사람과 눈을 마주치고 앉아 얘기해야 나를 꾸미지 않고 다 보여줄 수 있을 것 같고 그래야 더 마음이 편안해진다.

스스로 생각할 때 나는 다른 사람보다 좀 더 극단적인 성격의 사람인 것 같다. 삶을 바라보는 태도도 그렇고 사업을 할 때도 그렇다. 항상 '도' 아니면 '모'다. 어중간하게 윷판 속의 '개'나 '걸' 자리쯤에 서서 대충 생각하고 대충 해치워버리는 건 죽어도 못한다. 그래서 회사에 안 좋은 일이 생겼을 때 나는 최악의 상태까지 생각한다. 직원들은 무심하게 지나칠 수 있는 상황에도 극적으로 심각하게 문제를 끌고 들어가서 사업을 접을 수도 있다는 각오까지 새롭게 다지는 것이다. 혼자서 장구 치고 북 치는 이 시간은, 사실 나를 다지는 시간이 되기도 하고 처음 사업을 시작했을 때의 초심으로 돌아가야 한다는 의미를 찾는 시간이 되기도 한다.

　사람을 만날 때 특히 이런 성격은 더 확실하게 드러난다. 좋고 싫은 사람이 분명한 것도 그렇지만 한번 좋은 사람은 그가 어떤 실수를 하건 내가 먼저 뒤돌아서는 법이 별로 없다. 그 사람에 대한 집착도 아주 강한 편이다. 사업할 때 이런 내 성격 때문에 가끔 손해 보는 일도 있지만 대충 타협 보는 일은 앞으로도 많지 않을 것이다.

한가지 일에 미치면 즐겁다

나는 한 가지 일에 미치면 다른 사람들이 빠져드는 속도나 그 정도보다 훨씬 심하게 그 일에 미쳐버린다. 내가 뭔가에 열중해 있으면 주변 사람들은 내 몸에서 열나는 걸 느낄 때가 있다는 얘기를 하기도 한다.

이런 내 성격 탓인지 대학 다닐 때도 나를 좋아한 사람은 아주 좋아하고 반면에 싫어하는 사람도 많았다. 대학 생활은 내겐 정말 따분하고 지겨운 시간이었다.

원래 나는 치대나 작곡과에 가고 싶었다. 교회 성가대 지휘자로 활동도 했었고 피아노도 칠 줄 알았기 때문에 교회음악을 만들면 좋을 것 같다며 교회에서도 적극적으로 밀어주겠다고 했었다. 하지만 시간이 지나면서 그 소망은 점점 변해갔고 나는 치대와 작곡과와는 전혀 다른 길로 접어들었다.

대학 생활 동안 나는 전공 공부보다는 만화방에서 쥐포 뜯어먹으며 만화를 보거나 아르바이트 하는 일에만 정신이 팔려 있었다. 그 당시 내 별명은 '쌀가마니' 였다. 무게 잡고 다닌다고 해서 붙여진 별명인데, 친구들은 '저 놈은 지 혼자 가오잡고 다니고, 혼자 잘 해봐라~' 식으로 나를 대했다.

대학 생활의 핵심이라는 동아리 생활도 즐기지 못했다. 극예술 연구회와 경제 철학회에 가입하긴 했었는데 나는 그 동아리의 색깔이나 행동 양식에도 적응을 잘 하지 못했다. 더구나 술 잘 마시기로 소문난 고대 분위기는 나를 더 힘들게 만들었다. 나는 술을 전혀 먹지 못했고, 이런저런 이유로 나는 왕따 당할 수밖에 없었다.

지금 생각하면 제일 후회스러운 시기가 바로 대학 때인 것 같다. 좀더 즐기며 많은 경험들을 할 수도 있었는데, 나는 단지 내가 선택한 전공이 아니라는 이유만으로, 내가 미칠 만큼 좋지 않았다는 이유만으로 캠퍼스 생활의 모든 것들을 다 포기하고 말았던 것이다.

재미도 없고, 그래서 의욕도 생기지 않아 어정쩡하게 보내던 어느날, 나는 나를 다시 찾아야겠다고 생각했다. 무엇보다 나 스스로를 만족시켜 줄 수 있을 만큼의 자신감을 회복하고 싶었다. 그래서 우선 외모에서 풍기는 이미지부터 바꿔야겠다는 생각을 하고 몸 만들기에 들어갔다. 테니스와 헬스 중 어떤 운동이 더 도움될 수 있을까 궁리하다가 나는 헬스를 선택했다. 테니스는 격렬한 운동이긴 하지만 팔 운동에 집중될 것이고 아무래도 전체적인 이미지 바꾸기엔 좀 부족할 것 같았기 때문이다. 온몸으로 땀 흘리며 좀더 격렬하게 덤비고 부딪쳐 보고 싶었다. 그만큼 그때 나는 내 자신이 만족스럽지 않았고 나의 무기력함이 싫었던 것이 아니었을까.

작정하고 덤빈 헬스는 그러나 생각보다 훨씬 힘들었다. 헬스를 하는 동안 나는 나와 끊임없이 싸워야 했다. 중도에 포기하지 않으려고 매일 20분씩 헬스를 했지만 한번 운동에 집중하면 싸움판에 끌려 나온 것처럼 전력을 다했다. 좀 웃긴 결과지만 대학3학년 때 나는 '미스터 고대'를 뽑는 대회에 출전해 3위로 선발되었다. 물론 처음부터 미스터 고대에 나가기 위해 시작한 운동은 아니었지만 그 '미스터 고대'가 주는 만족감은 은근한 것이었다. '한 몸 한다'는 것보다는 나를 스스로 컨트롤할 수 있다는 자부심, 어떤 일이든 마음만 먹으면 잘 할 수 있다는 자신감을 그때 깨닫게 된 것 같다.

요즘도 나는 매일 20분씩 헬스를 한다. 집에 온갖 헬스 기구를 장만해 놓고 잠들기 전에 나를 점검하는 시간 동안 나는 운동하면서 땀을 뻘뻘 흘린다.

대학 다닐 때 나이트에 빠졌던 적도 있다. 우연히 친구 따라 간 연대 앞의 나이트 '하이클라스'. 그 때까지 춤이라곤 생각도 못하고 있었는데 춤을 춰 보니까 나랑 코드가 딱 맞는 거다. 뒤늦게 배운 향락에 도끼자루 썩는지 모른다고, 한창 빠져있을 땐 일주일에 6번도 갔다. 한 번 가면 '이제는 우리가 헤어져야 할 시간, 다음에 또 만나요~' 노래가 흘러나올 때까지 온몸을 흔들어댔다. 라면 먹고 12,000원짜리 나이트 가서 흔들고 돌아오면 1kg씩 빠졌다.

한번은 이대 앞의 '에프터'란 나이트에서 나이트 클럽 디제이에게 '특이하게 춤 추는 남자'로 찍혀 무대 위까지 올라가 춘 적도 있다. 헬스 탓일까? 나는 춤을 출 때도 온 몸에 힘을 주고 춘다. 마치 요즘의 직각 춤처럼 딱딱 절도 있게 끊어 추는 내 춤이 독특했던 모양이다. 내가 한 번 춤을 추면 주변 1미터 반경엔 사람들이 얼씬거리지도 못했다. 아마 저 팔뚝에 한 번 맞으면 상처가 깊지... 했던 지도 모르겠다. 친구들은 내 춤에 '람보춤'이나 '코만도춤'이란 이름까지 붙여주며 좋아했다.

이대 앞의 '콜로세움 나이트'에서 연대 앞의 '하이클라스'까지 휩쓸고 다니다가 그것도 어느날 문득 시들해졌다. 한가지 일에 미쳐있으면 내 무기력함에서 벗어날 수 있지 않을까, 싶었지만 춤 추는 게 내 인생에 아무 의미가 없다는 걸 인정할 수 밖에 없었던 것이다.

무던히도 내 존재를 확인하고 싶었던 시절, 보이지 않는 미래 때문에 오히려 현재의 나를 더 많이 학대했던 대학시절을 보내고 나는 드디어 사회에 첫 발을 내딛었다.

하지만 그 시간 동안 나는 나를 많이 변화 시켰고, 내 안에 잠재해 있던 끼를 발견할 수 있었으며 그 일은 처음이자 마지막 직장이었던 이랜드에서의 생활에 많은 도움이 되었다.

나는 사업을 하면서 늘 내가 너무 부족한 사람이라는 생각을 한다. 새로운 사업을 시작할 때, 어려운 선택의 순간에서 뭔가 결정을 내려야 할 때 마다 나는 모자란 내 경영 지식에 한계를 느끼곤 했다. 더구나 전공과목도 경영이나 마케팅과는 전혀 다른 것이어서 내가 느끼는 답답함은 사업을 하면 할수록 더욱 커졌다.

시간에 쫓기며 허덕이고 있었지만 공부를 더 해야겠다는 생각이 깊어져서 드디어 나는 작년에 서울대 최고경영자 과정에 입학을 결심했다. 서울대 최고경영자 과정은 입학할 때부터 워낙 까다로운 조건이 많아서 입학부터 쉽지 않았다.

기업 경영과 관계된 회계, 재무, 마케팅 등의 수업은 내겐 정말 많은 도움이 되었다. 그 때 나와 함께 수업을 들었던 동기들은 모두 74명인데, 내가 동기라고 부르기도 민망하고 죄송스러울 만큼 나이 지긋하고 뛰어난 분들이 대부분이었다. 나보다 2살 어린 사람이 동기 중의 막내일 정도로 대부분 동기들은 형님뻘이었고 그 경력도 대단했다.

나는 젊은 나이 덕분에 '후생간사' 일을 맡았다. 사실 후생간사는 이름은 거창하게 들리지만 하는 일은 완전히 오락부장 일이다. 나는 작은 이벤트를 마련해 부부동반 모임을 마련하기도 하고, 통기타 가수를 초청해 함께 어울리는 시간을 준비하기도 했다.

가끔, 내가 대학 때 사업에 필요한 것들을 배울 수 있는 기회를 가졌다면 어땠을까? 하는 생각을 한다. 물론 이론보다는 현장에서의 경험이 더 소중하기는 하지만 지금보다는 훨씬 더 나은 CEO로서의 자질을 갖출 수 있지 않았을까? 나를 자꾸 반성하게 된다.

제게는 칼이 있습니다

사람이 살면서 세 번의 기회가 온다는 말이 있다. 그 기회는 성공의 기회일 수도 있고 인생을 바꿀 수 있는 기회일 수도 있다. 또 빨리 찾아 올 수도 있고 늦게 찾아 올 수도 있고 어쩌면, 기회가 왔는데도 기회인지 모르고 그냥 지나칠 수도 있다. 그래서 기회란 왔을 때 꼭 잡아야 한다.

대학 졸업 후 내 인생이 바뀌게 된 첫 번째 기회는 이랜드 면접 시험 때였다. 나는 전공과 전혀 관계 없는 이랜드를 선택했다. 특별한 이유는 없었다. 난 기독교 신자이고 그래서 기독교 회사인 이랜드로 정했을 뿐이다. 또 술을 잘 못하는 내게 맞는 회사라고 생각했다. 내가 이랜드를 선택한 이유는 이렇게 거창하지도 특별하지도 않았지만 이랜드가 내게 준 것은 아주 특별한 것이었다.

이랜드 면접 시험은 지금도 기억이 생생하다. 면접관 열명에 면접자 열
명. 나는 여섯 번째 의자에 앉았다. 면접관은 내게 자기 소개를 하라고
했다.

"저는 삐에로가 되고자 합니다."

순간 면접장은 잠시 침묵이 흘렀다. 면접관은 나는 몇 년 생이고, 학교
는 어디고, 이름은 뭐고 하는, 다 똑 같은 자기 소개에 지겨웠던지 좀 웃
긴 놈이군 하는 눈으로 나를 쳐다보면서 그 이유를 다시 물어보았다. 나
는 사람들에게 즐거움과 웃음을 줄 수 있는 사람이 되고 싶기 때문이라
고 대답했다. 이랜드 면접사상 이렇게 특이하게 자기 소개를 한 사람은
없었다고 한다.

내가 이렇게 특이하게 자기 소개를 할 수 있었던 것은 형의 영향이 컸
다. 면접 시험 며칠전 우연히 책상에 놓여진 형의 일기장을 보게 되었다.
1월 1일 일기에 '올해는 삐에로가 되어야겠다' 라고 써있었다. 가벼워 보
였던 형의 모습조차도 계획에 의한 것이었다니... 올 한해 삐에로가 되어
야겠다는 목표를 세워 실천하는 형의 철저함이 대단해 보였다. 아마 그
때의 충격으로 삐에로라는 말에 대해 오랫동안 생각을 하고 있었던 모양
이다. 그래서 면접 시험 때 바로 '삐에로' 란 말이 툭 나왔던 것이다.

자기 소개 후 왜 영업 관리직을 선택했느냐는 질문을 받았다. 이 질문

에 대한 답변은 면접 전날 형이랑 연습을 하여 준비를 했었다.

"제게는 칼이 있습니다. 칼날이 무디면 무도 자를 수 없지만 칼날이 날카로우면 큰 나무도 자를 수 있습니다. 제게는 좋은 칼이 있습니다. 그 칼의 칼날은 세계를 향하고자 합니다."

난 아직도 내가 대답한 이 말을 잊지 않는다. 형과 연습을 하면서 형은 만약에 면접관이 너의 칼이 뭐냐? 라고 물으면 어떻게 대답하겠냐고 했다.

"저를 뽑아주시면 그 때 말씀 드리겠습니다, 이렇게 하지 뭐."

그러나 면접관은 이 질문은 하지 않았다. 난 합격을 했고 특이한 자기소개와 대답 때문에 입사 당시 주목을 끌었다.

이랜드 면접 때를 생각하면 떠오르는 친구가 있다. 면접 당시 내 옆에 앉아 있던 친구다. 이 친구는 얼마나 긴장을 했던지 쉴새 없이 다리를 떨면서 두 손엔 손수건을 꼭 쥐고 있었다.

면접관은 이 친구에게 '당신이 원하는 일만 시키지 않는다. 만약 박싱(박스 테이프 붙이는 일)을 시키면 당신은 어떻게 하겠느냐?' 라는 질문을 던졌다. 그러나 이 친구는 얼마나 긴장 했는지 박싱을 복싱이라고 알아들었던 것 같다. '박싱을 시킨다면 링에 올라가서 열심히 싸우겠습니다.' 란 엉뚱한 대답을 하고 만 것이다. 나는 이 얘기를 듣는 순간 링 위에서도 박스에 테이프를 붙이나 하는 생각을 했었다. 박싱을 복싱으로 알아 듣고 대답한 이 친구, 이랜드에서 볼 수는 없었지만 가끔씩 생각이 난다.

이랜드 입사 후 내 인생에 있어서 큰 전환점이 되는 일이 있었다. 신입사원 교육을 받을 때였다. 청소를 하는데 필요한 간단한 아이디어를 발표하는 시간이었다. 나는 쥐를 가지고 하는 말도 안 되는 아이디어를 냈다. 내 의견에 신입사원 교육장은 온통 웃음 바다가 되었다. 내가 생각하기에는 별로 웃기지도 않은 얘기였다. 말도 안 되는 얘기였는데, 동료들은 뭐가 그리 재미있는지 신이 나서 웃어댔다.

그 사건 이후 난 웃긴 놈이 되었다. 그리고 내 인기도 올라갔다. 친해진 여직원들은 내게 와서 관심 있는 남자 직원에 대해 이것 저것 컨설팅을 부탁하기도 했다. 나는 가끔 남자 직원과 서로 연결도 시켜주었다.

요즘은 사람들이 나를 보고 참 편안하다, 즐겁다, 웃긴다는 말들을 해준다. 예전엔 이 말이 좋은 줄 몰랐다. 하지만 지금은 이 말이 정말 편안하다. 예전의 극단적인 성격에서 조금은 가벼워지고 즐거운 사람으로 변하게 된 이 일은 내 인생의 큰 전환점을 가져왔다.

나는 이런 자신감으로 새로운 일을 맡는 것을 두려워하지 않게 됐다. 그래서 남들이 어려워하거나 혹은 싫어하는 어떤 일도 즐겁게 받아들였다.

이런 자신감이 내가 6년 여 동안의 이랜드 직장생활을 즐겁게 할 수 있었던 이유가 됐던 것 같다. 그리고 이랜드에서 있었던 시간 동안 이랜드 스피릿을 다 외우지는 못했지만 그 중 내가 가슴으로 느꼈던 것은 아직도 마음속에 새기고 있고 또 지키려고 노력한다. 지금 내 모습은 이랜드에서 쌓은 내공이라고 해도 과언은 아니다. 그런 생각이 들 때마다 나는 이랜드 박 성수회장님께 감사하다는 말을 전하고 싶다.

새로운 것을 두려워 하지 말라

우리들은 새로운 일을 시작할 때 항상 두려운 마음을 먼저 갖는다. 그 일이 어떤 일이든 상관없이 새로운 일이라는 것 자체로 망설여진다. 또 어떤 사람은 망설이다가 결국 그 일을 시작하지 못하는 경우도 있고, 실패하지 않을까 하는 마음에 도망을 가는 사람도 있다.

우리는 그 일을 잘 할 수 있을까? 끝까지 못하면 어떻게 하지? 중간에 포기하면? 이런 생각들로 끊임없이 새로운 일에 대한 두려움을 키워간다. 한 번도 오르지 못한 산을 올라가는 등산가는 두려움이 없다. 왜냐면 산을 올라가는 두려움 보다는 정상에 올랐을 때의 기쁨을 더 크게 생각하기 때문이다.

만약 내가 이랜드 시절 신규 사업부 일을 시작했을 때 그 일에 대한 두려운 마음이 컸다면 끝까지 해내지 못했을 것이다. 아마 시작 조차 못했을 거다.

난 가끔 내 자신에게 물어본다.

'내 칼이 뭘까? 내가 가지고 있는 칼은 어떤 것일까?'

그 질문을 할 때마다 칼은 계속 바뀐다. 때론 열정일 때도 있었고, 때론 일복 일 때도 있었다.

신규 사업부 일을 시작할 때 내 칼은 '항상 할 수 있다' 는 자신감이었다. 특판 때도 그랬고 이벤트 일을 할 때도 그랬다. 신규 사업부 중 이벤트 일을 시작할 때는 가장 어려움이 많았다. 다른 신규 사업부도 마찬가지겠지만 특히 이벤트 사업부 일이 가장 힘들었다. 이벤트 자체를 불필요하다고 생각하는 매장이 많았고 회사 차원에서도 많은 지원을 해주지 못했기 때문이다.

그래서 항상 적은 비용으로 이벤트를 해야 했기 때문에 힘겨웠다. 난 그럴 때마다 내 자신에게 물어봤던 칼을 생각했다. 그러면 저 끝에서 뭔가 새로운 에너지가 솟아났다.

지금 새로운 일을 막 시작하려고 하는 사람이 있다면, 혹시 새로운 일을 앞두고 두려운 마음이 생기는 사람이 있다면 자신에게 내 칼이 뭘까? 당당하게 물어보자.

막연한 두려움으로 시작 하지 않는 것보다는 실패를 하더라도 한번 해보는 쪽이 훨씬 낫지 않은가? 두려운 마음 보다는 정상에 올랐을 때의 기쁨을 아는 등산가가 되자.

내겐 너무 치열했던 이랜드 직장 생활

난 이랜드에 있는 6년 동안 열 가지 업무를 했다 기획, 물류, 특판, 이벤트, 시장 조사, 영업 관리, 샵 에이전트, 지점장 등등. 지금 생각해보면 짧은 6년 동안 참 많은 일들을 했다. 어떻게 다 해냈는지, 어디서 그런 열정이 나왔는지, 지금 다시 하라고 하면 할 수 있을지 모르겠다. 이랜드 시절 다양한 업무로 쌓은 경험은 지금 내가 사업을 이끌어 가는데 밑거름이 되어 주었다.

이랜드 입사 후 1~2년은 대리점 관리, 재고 관리, 신상품 런칭 업무를 하면서 보냈다. 이 일이 즐거웠기 때문에 누구보다 열정적으로 일했던 거 같다. 입사 한지 2년이 좀 지났을 때 최고 상권 중의 하나였던 명동 지점장으로 발령이 났다. 나는 명동 지점장을 맡으면서 더욱 더 열정적으로 일했다.

명동 매장은 당시 캐릭터 캐주얼 브랜드 '란찌' 본사 직영 매장으로 손실이 커서 회사에서는 철수를 고려하고 있었다.

월세만 2,600만 원 하는 매장. 앞으로 어떻게 될지 모르는 상황에서 나를 이곳에 발령 낸 것은 회사가 내게 마지막 승부수를 던진 것이라 생각됐다. 나는 인수 인계 후 곧바로 실사에 들어갔다. 매장은 생각했던 것보다 엉망진창이었다. 가장 시급한 문제는 6개월이나 밀린 신용카드 매출전표 정리를 하는 것이었다. 나는 3일 밤낮을 꼬박 새서 전표를 정리해 카드회사에 청구 했더니 350만 원이나 결손이 나있었다.

그리고 매출을 늘리기 위해 노력했다. 매장 청소부터 잘 보이지 않는 화장실 청소까지 세심하게 신경을 써서 좀더 청결한 매장을 만들었고 고객이 원할 때 빨리 물건을 찾을 수 있도록 창고의 효율성도 높였다. 점포 앞을 지나는 손님들의 눈길을 사로잡기 위한 디스플레이 전략도 새롭게 했다. 이렇게 해서 종전보다 매출이 3배나 올랐고 이랜드 전체 매장 중 월 매출 10위 안에 드는 큰 성과를 거두었다. 이 일로 나는 이랜드인상을 타기도 했다.

이후 매출 신장에 도움을 줄 수 있는 아이디어도 많이 생각해냈다. 상품력이나 마케팅 전략도 매출에 큰 영향을 주지만 가장 직접적인 영향을 주는 사람은 판매 사원들이다. 판매 사원들이 어떻게 하느냐에 따라 매출이 크게 달라질 수 있는 것이다. 가게에 종업원 한 명만 잘 들어와도 매출이 올라가듯이 잘 교육시킨 판매 사원 한 명이 매출에 큰 도움을 줄 수 있다. 그래서 나는 판매 지원 팀에 있을 때 '프로 판매 사원 제도'를 만들었는데, 그 영향은 대단했었다.

프로 판매 사원 제도는 판매 사원이 단순히 판매만 하는 것이 아니라 매장을 찾는 고객의 성향이나 매장의 매출 등을 분석하고 관리하는 사원으로 교육시키는 제도이다. 나는 매출이 좋지 않은 매장에 프로 판매 사원을 내보내 매출 향상에 도움을 주었다.

'95년 2월부터 나는 전국 상권을 중심으로 시장 조사 업무를 맡았다. 전국을 돌아다니다 보니까 그 지역 상권을 꿰뚫어 보는 눈이 생겼다. 그래서 직접 20건 이상의 매장을 오픈시키기도 했다.

시장 조사 업무를 하면서 황당했던 일도 있다. 성남 시청 건너편에 있는 제이빔 매장을 '제롤라모 워모'라는 남성 브랜드로 바꾸기 위해 매장을 방문했을 때 일이다.

제이빔 매장의 사장이 내게 구룡산 산신 어르신이 제롤라모 워모는 정장을 판매하기 때문에 바꾸면 안 된다고 해서 바꿀 수 없다는 것이다. 그 말을 듣는 순간 얼마나 황당했던지!

황당해 하는 내 모습을 보고 사장은 그럼 구룡산 산신 어르신을 만나 같이 설득을 해보자고 했다. 나는 카다로그까지 준비해서 만나러 갔다.

구룡산 산신 어르신은 나를 보면서 대뜸 소리부터 질렀다.

"이것봐. 산신 어르신이 신사복은 안 된다고 하잖아."

나는 준비한 카다로그를 보여주면서 정장은 60% 밖에 안 된다고 설득했지만 결국 제이빔 매장을 포기해야 해야 했다.

나는 신규 사업부에서 일한 적도 있다. 내가 신규 사업부에서 가장 먼저 한 일은 일명 재고 처리라는 특판이다. 난 그 당시 란찌 특판을 맡고 있었다. 란찌는 초창기 브랜드여서 인지도가 높은 헌트나 언더우드에 비해 인지도가 낮아서 특판 매출이 좋지 않았다. 그래서 새로운 특판 전략이 필요했다.

우선 란찌 특판 때 목이 터져라 소리 지르고, 끝나는 그 순간까지 열심히 팔았다. 특히 백화점 특판 때는 막판 영업, 끝발 장사가 매출을 좌우한다. 다른 판매 사원들은 백화점 폐점 시간이 다가오는 6시가 되면 옷을 서서히 정리하기 시작한다. 하지만 나는 바로 이 때가 매출을 올리기 가장 좋은 시간으로 생각했다. 그래서 다른 특판 매대처럼 옷을 정리하지 않고 오히려 더 많이 꺼내놓았다. 그러면 막판에 사고 싶은 사람들이 몰리게 되고 매출은 자연히 올라가게 된다. 이 짧은 시간에 판매 하는 것이 전체 매출의 상당부분을 차지했다.

이렇게 해서 인지도 높은 브랜드 보다 특판 매출은 월등히 올랐고 그후 난 '특판의 황제' 라고 불려졌다.

그 후엔 이벤트 팀을 처음으로 만들어 매장 매출을 올리는데 도움을 주었다. 이벤트 일은 내가 이랜드를 그만두기 전 마지막으로 했던 일이기도 하다. 나는 매장 오픈이나 행사 때 적은 비용으로 이벤트를 해서 큰 효과를 거두었다.

큰 비용이 드는 이벤트 보다는 아이디어로 승부를 했던 것이다. 또 이벤트만 해주는 것이 아니고 세일즈, 매장주 관리, 매장 컨설팅까지 모든 것을 컨설팅 해주는 토탈 마케팅을 시행했다. 이벤트를 잘 하는 사람이라는 소문이 나 모 패션 회사의 이벤트 팀에서 스카우트 제의를 받은 적도 있었다.

이렇게 이벤트 업무를 마지막으로 나는 이랜드를 그만두었다. 나의 이랜드 시절은 열 가지 업무로 인해 치열했지만 즐거웠다. 기획, 물류, 특판, 이벤트 등의 다양한 업무는 좋은 경험이 되었고 잠재된 나를 발견하게 해주었다.

또 나만의 매뉴얼을 만드는 새로운 습관도 갖게 해주었다. 그래서 나는 새로운 일을 맡거나 시작할 때는 항상 매뉴얼을 만든다.

나만의 매뉴얼을 가져라

난 가끔 내 방 한쪽에 있는 책장을 열어본다. 책장 안에는 예전에 사용하던 명함, 사업 제안서, 카다로그, 매뉴얼 자료들이 차곡차곡 정리돼 있다. 이 책장 안에 있는 것만 보면 내가 어떻게 사업을 해왔는지 알 수 있다.

며칠 전 난 오랜만에 10년도 더 된 낡은 매뉴얼 자료들을 꺼내보았다. 종이는 누렇게 변해있었고 전동 타자로 친 글씨는 조금 번져 보였다. 나는 이 매뉴얼 자료를 자주 보지는 않지만 절대로 버리지 않는다. 여기에는 나의 노력과 땀이 고스란히 묻어있기 때문이다.

이 매뉴얼들은 이랜드 시절 만든 것이다. 이랜드 시절 나는 신규 사업부 일을 많이 맡아서 했었다. 새로 만든 부서이기 때문에 난 모든 것을 새롭게 만들어 나가야 했다. 기존에 있던 부서들은 인수 인계라는 것이 있어서 인수 인계만 잘 받으면 일을 시작하기에 좀더 쉽다. 하지만 신규 사업부 쪽은 인수 인계라는 것이 없다. 난 모든 것을 새롭게 만들었고 거기서 나만의 매뉴얼을 만들기 시작했다.

매뉴얼이라고 해서 대단한 것은 아니다. 그 날 있었던 일이나 일하면서 생긴 노하우를 매일 매일 일기처럼 적어 놓는 것이다. 매뉴얼을 만들기 시작하면서 퇴근 후 늦더라도 꼭 그날 일을 정리하는 습관이 생겼다.

내 매뉴얼 안에는 큰 경영 노하우나 거창한 일을 적어 놓는 것은 아니다. 매장 관리를 했을 때 생긴 작은 일이나 특판 때의 노하우 또는 유치하지만 작고 세심한 이야기가 쓰여있다.

예를 들면 매장 관리를 했을 때 이런 얘기를 적어 놓기도 했다. '매장 탈의실에는 거울을 놓으면 안 된다. 만약 탈의실에 거울이 있으면 고객은 옷을 갈아입고 그 거울을 보게 된다. 그리고 자기에게 어울리는지 안 어울리는지 혼자 생각하고 판단해 버린다. 대개 자기가 입은 모습을 혼자 판단하면 안 어울린다고 생각하는 경우가 많다. 그렇게 되면 판매에 전혀 도움이 되지 않는다. 그래서 매장 탈의실에는 거울을 놓으면 안 된다.'

또 내가 가장 중요하게 생각하는 것 중의 하나가 화장실이다. 남들이 보면 지저분하고 냄새 나는 화장실이 뭐가 그렇게 중요하냐, 이렇게 생각할지도 모르겠다. 하지만 화장실은 항상 깨끗해야 한다. 더러운 화장실 보다는 깨끗한 화장실을 갔다 오면 고객의 기분이 좋아지기 때문이다.

그래서 난 깨끗한 화장실을 만들기 위해 접착 시트지, 벽지, 액세서리 용품 등을 직접 사서 화장실을 꾸미기도 했다. 여자 화장실에서 접착 시트지를 붙일 때는 쑥스러워서 고객도 들지 못하고 붙인 기억이 난다. 내 매뉴얼은 탈의실이나 화장실 얘기 같이 남들이 보면 별 거 아닌 것을 적어 놓은 것처럼 보일지도 모른다. 하지만 난 작은 것 하나도 그냥 지나치지 않는다. 탈의실의 거울처럼 작은 것이지만 조금만 신경 쓰면 곧바로 매출로 연결되기 때문이다. 이렇게 하나하나 세심하게 정리해 놓은 매뉴얼은 오늘날 사업하는 나의 아주 중요한 재산이 되었다. 또 지금의 나를 만든 원천이기도 하다.

이벤트의 귀재

사람들은 고지식히고 무뚝뚝한 사람보디 유미 있는 사람을 좋아
한다. 별로 웃기지 않은 이야기도 유머 있는 사람이 하면 금새
재밌어진다. 유머 있는 사람은 어떤 모임에 가도 주목 받는다. 사람들은
일단 재밌는 것을 좋아하기 때문이다.

이벤트도 마찬가지다. 이벤트는 고객의 관심을 집중시킬 수 있는 힘이
있다. 똑 같은 물건을 팔더라도 이벤트를 한다고 하면 관심을 갖는다. 이
벤트는 사람들에게 흥미를 제공하기 때문이다.

나는 이랜드에서 이벤트를 처음 접했다. 새롭게 일을 시작하면 나는 두
배로 힘이 난다. 처음 한다는 두려움 보다 무언가 도전해 볼 수 있다는
것이 즐겁다. 지금 생각해보면 이랜드는 나를 너무 잘 아는 회사였던 것

같다. 이랜드에 새로운 브랜드가 생기거나 신규 사업부가 생기면 나는 늘 제일 먼저 신규팀 발령을 받았다. 이벤트 사업부도 마찬가지였다. 그 당시 이랜드는 써헌트, 언더우드클럽, 란찌, 제롤라모 워모 등 다양한 패션 브랜드가 있었다. 그런데 브랜드가 많아지고 대리점 수가 늘어나면서 수익을 올리기 위한 특별 사업부가 필요했던 것이다. 그래서 당시 정 희순 본부장의 특명에 의해 생긴 것이 이벤트 사업부였다.

이랜드 이벤트 사업부는 인원이 고작 3명이었다. 계약직으로 함께 일하게 된 미자와 나레이터 모델을 하고 있던 혜영이다. 이벤트 사업 팀에서 만난 미자와 혜영이는 큐앤에스의 창업멤버이기도 하다. 우리는 모두 이벤트에 대해 아는 게 없었다. 하지만 그리 막막하지는 않았다. 나는 이랜드에서 재고판매, 매장관리, 가맹점 영업 등 다양한 일을 했기 때문에 전반적인 상황파악은 하고 있었다. 그래서 각 매장주들이 원하는 게 무엇인지, 어떤 이벤트를 해야 하는지 쉽게 생각해 낼 수 있었다.

이랜드 이벤트 사업팀은 단순히 이벤트만 하는 것이 아니다. 우선 새로운 매장이 생기면 시장 조사와 고객 분석부터 했다. 그 지역에 어떤 성향의 사람들이 살고 있는지 부터 정장 입는 사람이 많은지, 캐주얼 입은 사람이 많은지 까지 꼼꼼히 분석한 후 각각의 매장에 적절한 오픈 이벤트를 찾아야 하기 때문이다. 그리고 수익이 적은 매장은 수익을 올리기 위한 이벤트 방법과 이랜드의 브랜드 인지도를 높일 수 있는 것도 생각해야 했다. 다양한 관점에서 이벤트를 접목시키는 것은 쉬운 일이 아니었다. 특히 이벤트 사업부로 지원되는 돈이 그리 많지 않았기 때문에 최소 비용으로 최대 효과를 볼 수 있는 방법도 모색해야 했다.

그래서 나는 생활에서 가장 흔한 것을 특화 시켜야겠다는 생각이 들었다. 돈은 적게 들고 기분은 나는 아이템으로 전단지, 풍선, 나레이터를 떠올렸다. 우선 어떤 이벤트를 하는지 알려주기 위해 전단지 제작은 필수다. 우리가 설명하는 것과 눈으로 보는 것은 다르기 때문이다. 하지만 전단지는 다 읽기도 전에 길거리에 버려지는 것이 대부분이다. 그래서 쓰레기통으로 직행하는 것을 막기 위한 아이디어도 생각해 냈다. 예를 들면 헬륨 풍선의 끝에 전단지를 붙이는 것이다. 손을 놓으면 헬륨 풍선은 하늘로 날아가 버리기 때문에 손에서 놓지 않으려는 심리가 있다. 풍선에 전단지를 붙이면 잘 버리지 않는다. 그리고 어쨌든 시선이 가기 때문에 한 번은 더 읽어줄 거라고 생각한 것이다.

풍선은 이벤트에서 빼 놓을 수 없는 아이템이다. 풍선으로 아치를 만들어 매장 앞에 두면 일단 이벤트 분위기가 확 느껴진다. 하지만 풍선으로 만들어 놓은 아치를 구입하려면 그 비용도 만만치 않았다. 그래서 만드는 방법도 직접 배웠다. 우리는 몸으로 때울 수 있는 일은 어떤 일이든 다 했다.

그리고 이벤트의 꽃, 나레이터가 이벤트의 마지막 기본 구성이다. 일단 이벤트를 할 때 나레이터 모델이 있으면 확 눈길을 끌 수 있다. 거창하지 않은 행사도 거창해 보이는 효과가 있기 때문이다. 이렇게 3가지 기본 요건을 갖추는데 드는 비용은 보통 20만 원에서 30만 원 사이다.

사람들은 우리 셋을 드림팀이라고 불렀다. 일단 우리 팀이 지원하는 매장은 매출이 100% 높아졌기 때문이다. 이런 성과는 미자와 혜영이가 없었다면 아마 불가능 했을 거다. 나는 미자와 혜영이를 보면서 감동도 많이 받았다. 미자는 이벤트 공지를 위한 포스터에 글씨를 쓸 때 글씨가 이쁘게 써지지 않는다고 펜글씨 공책을 가지고 다니며 연습했다. 나는 그런 미자를 보면서 무슨 일을 하든 좋은 결과물을 만들어 낼 것이라는 믿음이 생겼다. 지금도 미자의 글씨를 보면 그 때 생각이 난다.

혜영이도 일에 대한 열정이 대단했다. 그 당시 우리는 제주도 매장으로 이벤트 출장을 간 적이 있다. 도착하자 마자 풍선에 전단지를 붙이고 풍선아치를 만들고 여느 때처럼 이벤트 준비를 했다. 다음 날 준비한 것을 들고 거리로 나가려고 하는데 비가 왔다. 나는 비가 와서 나가기 힘들 것 같다고 했다. 그러자 혜영이는 여기까지 와서 그냥 갈 수 없다며 모자라도 쓰고 나가자고 했다. 그 날 나는 미자와 혜영이랑 함께 비를 맞으며 이벤트를 했다.

우리는 회사에서 지원해 주는 휴지나 볼펜 같은 사은품도 그냥 지나치지 않았다. 매장 앞에 다트게임 이벤트를 열어 놓고, 다트게임 판에 휴지나 볼펜, 양말 등 사은품 이름을 써 놓고 맞추면 그 사은품을 선물로 줬다. 물론 꽝도 있었다. 이 때 중요한 것은 다트게임은 매장 앞에서 하고 사은품은 매장 안에 들어가서 받도록 한다는 것이다. 사은품을 받으러 매장으로 들어오면 매장 제품에 시선이 한 번 더 갈 수 있기 때문이다. 있어도 그만 없어도 그만인 사은품을 가지고 다트게임 하나로 멋진 이벤트를 만들 수 있는 것이다.

우리는 크고 작은 재미있는 꺼리를 만들어 사람들의 관심을 모았다. 풍선 나눠주기, 다트, 빙고 게임 등 상황에 따라 흥미를 주는 이벤트를 생각해 냈다. 특히 돈 안 들이고 이벤트를 만들어 내는 데는 선수가 됐다.

그 중 가장 기억에 남는 것은 명동매장 오픈 이벤트다. 정말 최소 비용으로 최대 효과를 본 이벤트의 진수다. 명동매장 오픈은 회사 입장에서 보면 아주 큰 행사였다. 명동은 패션의 메카였고 또 유동인구도 단연 으뜸인 지역이다. 그 때 나는 100명과 함께 하는 오프닝 컷팅식 아이디어를 냈다.

명동매장 앞에서 케이크를 중앙에 놓고 모기향 모양으로 100명의 사람이 둘러서서 카운트 다운을 한 다음 테이프를 컷팅 하는 행사였다. 이 날 명동 이랜드 매장 앞에는 수백 명의 인파가 몰려와 경찰까지 동원됐다. 물론 이벤트는 성공적으로 마쳤다. 성공적으로 끝난 명동매장 오픈 이벤트에 사용된 비용은 케이크, 오색 테이프 그리고 가위 몇 개 구입 한 것이 전부였다.

나는 작은 일부터 섬세하게 신경 쓰는 것이 중요하다는 것을 이벤트를 할 때 배웠다. 이벤트는 사람들의 시선을 모으는 것이 중요하다. 사람들의 시선을 집중시키는 것은 생활 속에서 작은 재미를 찾을 수 있는 섬세함에서 시작된다.

생 각 의 유 연 성 을 발 휘 하 라

미국 철강산업의 대부로 불리는 카네기는 직원 채용 시험에서 포장된 물건의 끈을 푸는 문제를 냈다고 한다. 시험이 끝난 뒤 카네기는 포장된 끈을 손으로 차근차근 꼼꼼하게 푼 사람은 불합격 시키고, 단번에 칼로 잘라 낸 사람을 합격시켰다. 카네기는 채용 시험에 응시한 사람들의 지식보다는 사고의 유연성을 테스트 했던 것이다.

일을 하면서 새로운 아이디어를 만들어 내는 것은 무엇보다 중요하다. 새로운 발상이 사업의 기초가 되기 때문이다. 나는 큐앤에스 직원들에게 뭐든지 좋으니 아이디어를 내고 즉시 행동으로 옮기라는 이야기를 많이 한다. 하지만 하자라는 말이 떨어지기가 무섭게 움직이는 나 때문에 직원들이 겁을 먹는 것 같다.

아이디어를 냈는데 내가 '그래! 해보자.' 라고 하면 그 때부터 부담스러워 하는 것이다. 혹시 내가 낸 아이디어로 회사가 손해를 보지 않을까 하는 걱정이 앞서서. 그런데 나는 정말 그렇게 생각하지 않는다. 손해를 보면 얼마나 보겠는가. 그리고 손해를 볼 수도 있지만 이익을 볼 수도 있는 일 아닌가! 나는 성공 확률이 적어도 일단 한 번 질러 보라고 말하고 싶다. 해보기라고 해야 한다는 게 내 생각이다.

해보지도 않고 생각만 하고 포기한다는 것은 내 인생사전에서 있을 수 없는 일이다. 시금치를 먹지 않는 아이가 시금치와 비슷하게 생긴 것만 봐도 먹지 않는 것과 다를 것이 없다.

세계적인 부호 빌게이츠는 비전을 기회로 본다고 했다. 개인용 컴퓨터가 미래를 지배하게 되리라는 그의 직관적 믿음은 분명히 하나의 비전이었다. 하지만 그는 또 이렇게 지적한다. '비전에는 돈이 들지 않는다. 그래서 그것은 어떤 식으로도 경쟁적 이점이 아니다. 당신의 비전은 시장에 내놓을 제품이나 서비스로 변해야만 가치가 붙는다. 당신의 중심적 비전은 무엇보다 당신이 알고 이해하는 것에 초점을 맞추어야 한다. 그럴 때 그 비전은 충분한 힘을 얻어, 빠르게 변하는 미래에 대한 당신의 불가피한 오류를 수정할 수 있다.'

나는 아이디어를 기회이고 비전으로 본다. 새로운 아이디어를 생각하고 실천하는 것은 나에게 가장 좋은 기회이고 비전인 것이다. 아이디어를 그저 돈 벌기 위한 방법이라고 생각하면 안 된다. 고부가가치 서비스로 변화 시켜야 한다.

　새로운 아이디어와 내가 알고 이해하는 마케팅이 만났을 때 생길 수 있는 시너지효과는 내게 늘 그 이상의 만족을 준다. 나는 직원들에게 이렇게 말하고 싶다. 새로운 것을 두려워하지 말고 부딪치자. 후회를 하더라도 일단 한번 해보자라고. 성공은 하늘에서 뚝 떨어지는 것이 아니라 새로운 사고방식과 기회 포착에서 시작되는 것이기 때문이다.

실패에는 이유가 있다

예전에 실리콘 밸리에 '파산한 닷컴 회사를 위한 사이트'가 생겨 화제라는 칼럼을 본 적이 있다. 그 사이트에서는 몇 번째 실패인지, 실패한 가장 큰 원인이 무엇이라고 생각하는지, 사업에 실패한 이후 자금사정이나 건강, 정신상태, 주위사람과의 관계는 어떤지, 그리고 다시 재기하는데 도움이 될만한 자신의 강점이 무엇인지 등을 제출하면 전문가들이 도움을 준다는 것이다.

얼마나 많은 회사가 망해나가면 이런 사이트가 생긴 걸까 하는 생각을 하면서 한편으로는 망하는 회사가 되지 말아야 한다는 강박관념에 시달렸다. 그래서 나는 다양한 사업을 기획하고 추진했다. 돈 되는 건 다 해보려고 했다. 그러다 보니 실패한 일도 많고 이유도 각양 각색이다. 하지만 실패했다고 해서 자포자기 한 적은 없었다.

내가 멤버십 서비스 사업을 하면서 함께 했던 사업 중 하나가 가구 사업이다. 큐앤에스 클럽 멤버십 회원 중 한 명이었던 김 홍재 사장이 내게 사업제안을 했다. 그 분은 한 번 만나자며 부산으로 와달라는 것이다. 나는 큐앤에스 멤버십 회원이라는 말에 거절을 할 수가 없었다. 나는 초창기 큐앤에스 클럽 회원들에게 늘 고맙다. 이름도 없는 멤버십 서비스 회사를 믿어준 사람들이기 때문이다.

큐앤에스 클럽 회원들은 아직도 자체적인 동호회를 만들어 정기적인 만남을 갖고 있다. 초창기 회원들은 정말 남다른 끈끈한 정이 있는 사람들이 많았다. 그 분도 그 중 한 명이다.

나는 바로 부산으로 갔다. 김홍재 사장은 내게 가구 사업을 해보자고 했다. 그 당시는 붙박이장이 유행되기 시작하던 때였고, 기존의 가구 브랜드에서 붙박이장을 처음 선보이기 시작했었다. 우리가 했던 붙박이장은 다른 브랜드와 차별되는 장점이 많았다. 우선 다른 브랜드에 비해 훨씬 가격이 저렴했다. 그리고 다른 브랜드는 장롱 문이 직각으로 열리는 반면 우리 것은 180도 열리는 등 합리적이면서 트렌디한 스타일이었다.

나는 서울총판을 맡기로 했다. 할인마트에 가구를 납품하고 본격적으로 일을 시작했다. 그러나 몇 달 열심히 뛰었는데도 불구하고 성과가 없었다.

실패 요인을 분석해본 결과 가구는 다른 품목보다 특히 브랜드가 중요했다. 가구는 소모품이 아니다. 그래서 가격보다는 품질과 브랜드를 보고 선택하는 것이다. 결국 우리는 가구사업을 접었다. 하지만 잃은 것보다 얻은 것이 많았다. 나는 그 사업을 계기로 가구 사업을 제안했던 김 홍재 사장과 지속적인 친분관계를 유지하고 있다. 그 분은 큐앤에스의 부산지사 오픈 때 사무실 임대 문제 등을 도와주시기도 했다. 나는 비록 가구 사업에서 쓴 맛을 봤지만 그 보다 더 값진 인연을 만나게 된 것을 더 소중하게 생각했다.

나는 김 홍재 사장의 도움으로 '99년 큐앤에스의 부산지사를 열었다. 부산지사를 오픈 한 것은 부산MBC와의 제휴문제 때문이었다. 우리나라 5개 광역시 중 하나인 부산은 유동인구가 많은 곳이다. 그래서 멤버십 서비스를 하면 좋겠다는 생각을 했다. 그래서 우리는 우리가 갖고 있는 컨텐츠를 활용하여 '문화지기' 멤버십 카드를 만들었다. 문화지기는 한 달에 3천 원씩 내면 한 달에 한번 영화시사회에 참여할 수 있다는 점이 가장 큰 혜택이었다.

하지만 이것도 결국 실패로 끝났다. 그 당시 멤버십 서비스에 대한 인식은 안 좋았다. 내가 처음 큐앤에스 클럽을 만들었을 때는 멤버십 자체가 낯선 이름이었다. 하지만 '99년도엔 멤버십을 가장한 사기성 회사들이 문제가 되면서 기존 멤버십 회사들도 하나 둘 문을 닫기 시작하던 때였다. 그래서 더 힘들었던 것 같다.

그리고 서울과 달리 영화 시사회를 연다는 것 조차 쉬운 일이 아니었던 것이다. 나는 실패를 할 때 마다 그냥 완전히 일을 접는다고 생각한 적은 없다. 부산지사도 마찬가지였다. '문화지기' 멤버십 서비스는 실패했지만 부산지사를 활용할 수 있는 다른방법을 모색했다. 큐앤에스는 SK텔레콤 고객서비스 대행을 하고 있기 때문에 지속적인 가맹점 관리도 중요했다. 그래서 나는 부산지사를 SK텔레콤 부산지역 가맹점을 관리하는 곳으로 활용했다. 이렇게 부산을 기점으로 부산, 대구, 대전 등으로 지사를 확대하는 계기를 만들 수 있었다.

나는 홈쇼핑 일에 개인적인 투자를 한 적도 있다. 4년 전 일이다. 그 당시는 홈쇼핑업계가 승승장구 발전하고 있었다. 마침 선배 한 명이 날 찾아와서 핸드백을 홈쇼핑에 납품해 보고 싶다며 자금을 투자해 달라는 얘기를 꺼냈다. 그 선배는경영은 내가 하고 영업은 자기가 하겠다고 했다. 선배의 부탁을 거절 할 수 없었다. 그렇다고 사업성도 없는데 무턱대고 투자할 수도 없는 일이었다.

나는 제품을 꼼꼼히 살펴봤다. 그리고 홈쇼핑 업계 매출이 어느 정도 되는지도 알아봤다. 알아본 결과 내가 아는 것보다 훨씬 수익성이 높았다. 그래서 나는 1억 2천만 원을 투자했다. 그러나 몇 개월 뒤 그 일도 그만둘 수 밖에 없었다. 있던 물건은 다른 사람한테 넘기고 돈은 다 받지도 못했다.

나는 처음 공연 사업을 할 때도 실패 한 적이 있다. 큐앤에스 직원 중 일본 문화에 많은 관심을 가지고 있던 직원이 있었다. 그가 '한일 합작 락&힙합 공연' 기획을 제안했다. 나는 일본 문화 개방을 앞두고 있는 시점이었기 때문에 명분도 있고 사업성도 있을 거라고 생각했다. 그래서 바로 공연을 기획 했다. '한일 합작 락&힙합'은 일본 가수와 한국 가수가 함께 1년에 한 번 일본과 한국에서 각각 공연을 하는 것으로 기획됐다. 그 비용은 1억 가까이 됐다.

그 당시 1억이면 큐앤에스에겐 대단히 큰 금액이었다. 그래서 비용을 충당하기 위해 젊은이들을 타겟으로 하는 핸드폰, MP3 등을 만드는 기업에게 협찬을 받는 방법을 택했다. 그리고 모자라는 비용은 김변호사가 도와줬다. 그러나 이 공연은 한국 공연에서부터 삐걱거리기 시작했다. 그 당시는 한국과 일본간의 문화개방이 부분적으로만 허용되던 때였다. 그래서 2천석 이상인 곳에서 공연을 하지 못했다. 결국 우리는 기존 계획과 달리 정동 이벤트홀에서 조촐하게 공연을 마쳤다.

우리는 일본 공연을 위해 국내에서 한참 유명해지기 시작했던 '크라잉넛'을 비롯한 '피플크루', '유진박' 등을 대동하고 일본으로 갔다. 그런데 그 때 처음부터 뭔가 잘못된 기획이었다는 것을 알았다.

일본에 가서 보니 일본 공연 준비는 더 협소한 수준이었다. 우리나라로

치면 홍대앞 라이브바 같은 데서 공연을 한 것이다. 결국 공연수익은 한 푼도 건지지 못한 채 끝나버렸다.

나는 공연을 마치고 공연 참패에 대한 문제점을 생각해봤다. 일단 락과 힙합이라는 전혀 다른 두 가지 장르의 가수를 모았다는 것과 너무 많은 가수를 무대에 세웠다는 것이 문제로 지적됐다. 락&힙합 공연 자체의 매력이 매니아 집단을 상대로 한다는 기본적인 성향을 생각 못했던 것이다. 그리고 그 당시의 사회적인 상황을 인식하지 못했다는 것도 큰 문제였다. 한,일 합작이라는 것이 너무 앞서가는 생각이었던 것이다. 결국 타이밍을 못 맞춘 게 문제였다.

타이밍을 맞추지 못하면 성공할 수 없다. 나는 그런 경험이 한번 더 있다. 벤처열풍을 타고 인터넷 붐이 일었을 때다. 나는 '엔티즌(ntizen)'이라는 인터넷 사이트를 오픈 했다. 엔티즌은 큐앤에스의 고객 데이터를 기반으로 하는 아이템이었다. 연회비 3만 원만 내면 회원들에게 기존에 있는 다른 쇼핑몰 물건이나 공연, 영화 티켓을 할인해주는 시스템이었다. 하지만 인터넷 붐이 막 일어나고 있었던 때여서 유료회원가입에 대한 인식이 지금처럼 높지 않았다. 그래서 또 실패로 끝난 것이다. 너무 앞서가는 생각이었다.

실패를 맛 본 사람은 재기하려는 오기도 그만큼 커진다. 나는 실패도 해 볼 만하다고 생각한다. 하지만 실패가 그저 실패로 끝나서는 안 된다.

그 경험을 거울 삼아 성공의 밑거름으로 만드는 것이 중요한 것이다. 나는 실패를 겪으면서 사업을 하는데 있어 마케팅이 얼마나 중요한지를 깨달았다.

다른 사람의 실패도 눈 여겨 보라

'**타**산지석'이라는 말이 있다. 다른 사람의 하찮은 말과 행동일지라도 자기의 지덕을 갖추는데 도움이 된다는 말이다. 남의 잘못이나 실수를 거울 삼아 자신의 실패를 막을 수 있다.

나는 남의 실패를 그냥 지나치지 않는다. 내가 실패했다는 생각으로 문제를 분석한다. 남의 실패라도 내가 고민하고 해결 방법을 찾으려고 노력하다 보면 그 것은 내 것이 된다. 그와 같은 문제가 내게 닥쳤을 때 똑같은 실수를 하지 않을 수 있기 때문이다.

나는 직원들의 사업제안이나 아이디어를 사업으로 연계 시켰다가 실패를 한 적도 있다. '동영아트홀'이 바로 그것이다. 영업사원들이 극장 할인 서비스 가맹점 계약을 성사시키기 위해 뛰면서 '우리 극장이 있으면 좋을 것 같다'는 얘기를 종종 했었다. 멤버십 회원제로 1년에 일정 금액을 받고 우리 극장에서 하는 영화는 무료로 관람할 수 있게 하자는 내용이었다. 나는 직원들에게 꼭 한번 해보자고 약속했다.

그 약속을 지키기위해 나는 동영아트홀 경영권을 인수했다. 나는 영화관을 인수하면서 마음이 뿌듯했다. 직원들과의 약속을 지켰다는 것과 최초의 멤버십 영화관을 만들게 될 꿈에 부풀었던 것이다.

그런데 그 일은 정말 꿈이 돼 버렸다. 동영아트홀을 인수한지 얼마 되지 않아 영업사원들이 모두 퇴사해 버렸던 것이다. 내가 동영아트홀을 인수하는 동안 다른 회사에서 그들에게 스카우트 제의를 했던 것이다. 나는 그 당시 그 직원들에게 배신감을 느꼈다. 멤버십 극장 운영은 영업사원이 없으면 할 수 없는 사업이었다. 멤버십 회원을 만들 수 없는 상황에서 멤버십 극장은 필요가 없었다. 하지만 이대로 물러 설 수는 없는 일이었다. 그래서 나는 '씨네몽'이라는 인터넷 사이트를 오픈 하고 다른 방법을 연구했지만, 결과는 그리 좋지 않았다.

그래서 나는 동영아트홀의 정기적인 영화상영외에 다른 사업에 활용하는 방안을 생각했다. 예를 들면 주주들과의 모임이나 당시 큐앤에스 홍보이사였던 조성모 팬클럽 모임등에 사용했다. 그리고 '사랑의 영화캠페인'을 열어 사회복지 사업에도 이용했다. 동영아트홀 인수는 시작은 실패였지만 마지막은 성공으로 끝난 셈이다.

또 한번은 이런 일도 있었다. 나는 큐앤에스 김 해준 차장을 6개월 동안 일본에서 공부시킨 적이 있다. 일본은 한국과 비슷한 성향의 나라이면서 한국 보다는 시장의 흐름이 빠르기 때문에 그곳에서 사업화 시킬 수 있는 아이템도 찾고 이벤트화 시킬 수 있는 것도 찾아보라는 의미에서 보낸 것이다.

그런데 김차장은 내 제안이 부담스러웠던 것 같다. 일본에 보내준 것에 뭔가 크게 보답해야 한다는 생각이 앞섰던 것이다. 공부를 마치고 돌아온 김차장은 '펫메일' 사업을 제안했다. 솔직히 이 아이템은 아니라는 생각이 들었다. 하지만 해보고 후회하는 것이 김차장에게 도움이 될 것 같았다. 펫메일은 이메일을 다양한 방법으로 재밌게 보낼 수 있는 이메일 서비스 사업이었다. 물론 시작한지 얼마 안 되서 실패로 끝났다. 솔직히 내가 김차장에게 원했던 것은 어떤 사업 아이템보다는 일본의 실생활 속에서 느껴지는 섬세한 것들을 보고 왔으면 했었다. 아직도 그 점이 아쉽기는 하다.

사업을 하다 보면 실패하기도 하지만 그만큼 성공확률도 늘 같이 동행하는 것이라고 생각한다. 그렇기 때문에 시도해 보는 자세가 중요한 것이다. 그래서 나는 앞으로도 직원들의 해외유학이나 본인이 원하는 공부를 지원해주는 방법을 지속적으로 진행하려고 한다. 그들이 보고 느끼고 배우는 것이 내게도 공부가 되기 때문이다. 그들이 발로 뛰면서 느끼고 생각해 내는 아이디어가 내게 공부인 것이다. 나는 다른 사람의 실패도 내 것으로 만들고 똑 같은 실수를 반복하지 않기 위해 노력한다.

제4장 새로운 도전을 즐겨라

똑똑한 패션 유아복, 모아베이비(Moa Baby)

유아 사업은 내가 생각하고 있는 CRM을 실질적으로 접목하기 쉬운 분야다. 왜냐하면 일정부분 정형화 되어있기 때문이다. 유아용품은 아이를 출산하면서부터 아이에게 꼭 필요한 제품 등 확실한 수요가 있기 때문에 그 수요가 꾸준한 곡선을 그리는 사업이다. 그래서 이런 유아시장은 별 다른 마케팅 없이도 할 수 있는 사업으로 인식되고 있다. 하지만 내 생각은 다르다. 유아사업은 어느 정도 안정된 분야기 때문에 마케팅과 접목시켰을 때 일어날 수 있는 시너지는 더욱 엄청나다는 것이다.

나는 하나의 마케팅 매커니즘 안의 사업으로 유아관련 사업을 통해 새로운 도전을 해 보고 싶었다. 생활문화 마케팅 그룹으로서의 큐앤에스를 그려나가는데 유아사업도 상당히 중요한 휘날레가 될 수 있다고 생각 했기 때문이다. 그 중 100여개의 대리점이 있고 경기가 안 좋아도 타격이 적은 할인점 유아복 브랜드는 내 뜻을 펼치기엔 아주 적합한 것이었다. 그래서 나는 모아 베이비를 그 중의 하나로 선택했다.

요즘 엄마들은 '똑똑한 아이'를 원한다. 그래서 똑똑한 아이로 키우고 싶어한다. 똑똑한 아이는 지적인 능력이 뛰어나 영어 단어를 술술 외우거나, 어려운 계산을 척척 하는 아이라고 생각할 수도 있지만 진짜 똑똑한 아이는 생기 있고, 잘 뛰어 놀고, 호기심 많은 건강한 아이를 말한다. 그런 아이가 엄마들이 바라는 진짜 똑똑한 아이인 것이다. 아이가 똑똑하면 엄마가 행복하고 엄마가 행복하면 아이도 행복하다.

나는 이런 이미지를 가장 잘 살릴 수 있는 것이 유아복이라고 생각했다. 그래서 20년 전통의 유아복 전문 회사인 모아방을 인수하게 되었다.

모아방 인수 계약서는 특이하게 찜질방에서 이루어졌다. 사업을 시작한 이래 찜질방에서 계약을 한 것은 처음이었다. 모아방 임원들은 계약사실이 밖으로 노출되면 직원들의 동요가 일어날 수 있으니 사무실이 아닌 찜질방에서 만나자고 했다. 모아방 임원들 대부분이 나이가 지긋하신 분들이 많아서 우리는 할 수 없이 찜질방으로 갔다.

매일 같이 찜질방의 하얀 수건을 아줌마처럼 머리에 쓰고 하나는 목에 두르고 007 작전을 수행하듯 불가마 안과 밖을 왔다 갔다 했다. 모아베이비를 담당했던 김미자 차장은 아예 서류 하나를 들고 찜질방에서 살았다. 한달 여 만에 진정한 땀의 결실을 본 건지 계약은 성공적으로 이루어졌다.

그러나 계약 후 모아방의 뚜껑을 열어보니 생각했던 것 보다 훨씬 열악한 상황이었다. 지금은 폐점된 곳인 신길동 지점에 실사를 나갔을 때 나는 놀라지 않을 수 없었다. 간판은 분명 모아방인데 안에 들어가서 물건을 보니 모아방 상품 외에 슈퍼마켓처럼 다양한 유아 관련 상품을 팔고 있었다. 간판만 모아방이었던 것이다. 그 매장주는 모아방이 브랜드가 아니라 그냥 동네 유아복을 파는 가게 이름 정도로 인식했던 것 같다.

매장 상황도 좋지 않았지만 모아방 직원들 사이에 퍼진 무성한 소문 때문에도 많은 어려움을 겪었다. 최웅수는 원래 돈이 많은 사람이어서 이 회사도 잘 포장해서 다시 판다더라, 머니 게임 하려고 인수했다, 오래 가지 않을 거다 등의 소문이 끊임없이 나를 괴롭혔다.

모아방 인수 후 최대 위기는 2003년 첫 수주회 때였다. 첫 수주회는 기존 수주회랑 다르게 차별된 모습을 보여주고 싶어서 우리는 이벤트 행사처럼 준비했다. 전 직원이 깔끔한 타이와 수트를 맞춰 입고 매장주들 한 사람 한 사람을 90도 인사로 깍듯이 맞이했다. 앞으로 우리가 펼쳐나갈 모아베이비의 이미지 컨셉과 광고 마케팅을 설명하는 시간도 가졌다.

"기존 유아복은 정확한 컨셉 없이 모두 다 파스텔톤인 유러피안 스타일을 똑같이 따라가고 있지만, 모아베이비는 요즘 엄마들이 원하는 아이인, '똑똑한 아이, 똑똑한 패션 유아복' 이라는 컨셉으로 이끌어 갈 것입니다. 기존의 유아복에는 브랜드라는 개념이 없고 옷부터 장난감까지 종합적으로 유아용품을 다루는 곳으로 인식되어 있지만 모아베이비는 하나의 유아전문 브랜드로서 자리잡을 겁니다."

수주회 내내 매장주들의 곱지 않은 시선과 싸늘한 반응이 느껴졌다. 또 내가 앞에 앉아 있는데도 들으라는 식으로 말하는 매장주도 있었다.

"매장을 접어야 하는 거 아니야?"

"큐엔에스는 유아복이랑 상관도 없는데 왜 인수했대?"

"우리한테 물건이나 주겠어?"

매장주들의 의심은 말 할 수 없이 깊었다. 나는 이대로 두어서는 안되겠다는 생각이 들었다. 뭔가 신뢰를 줄 수 있는 약속이 필요했다. 그 순간 머릿속에 다이어트가 생각났다. 그 거라면 자신이 있었다.

"제가 다음 번 수주 때까지 지금에서 10kg을 빼겠습니다. 나는 약속을 지키는 사람이라는 것을 보여드리고 싶습니다. 나는 이 회사를 절대 팔지 않습니다. 꼭 성공으로 이끌겠습니다. 다시 한번 약속합니다."

그 후 나는 이 사람들을 믿게 하리라는 신념으로 다이어트를 시작했다. 내가 좋아하는 순대, 떡볶이 등 간식도 줄이고 밤에는 운동을 두 배로 했다. 또 점심 식사 양도 반으로 줄였다. 3개월 동안의 피나는 노력 끝에 나는 14kg을 뺐다. 다음 수주 때까지 빼겠다는 약속을 지킨 것이다.

수주 날 홀쭉해진 나를 보고 매장주들은 전부 놀란 눈치였다. 모두다 믿어지지 않는 얼굴을 하고 쳐다보았다. 이 다이어트 사건으로 나는 그들에게 약속을 지키는 사람으로 강력하게 각인되었다. 또 점주들의 의심을 한 방에 날려보내 마음을 얻는데 성공 할 수 있었다.

이제는 모아베이비의 매장주들도 나를 믿고 열심히 함께 하고 있으며 처음 보았던 슈퍼마켓 매장 수준의 매장 분위기도 180도 변했다. 매장도 100개에서 130곳으로 확대되었다.

모아베이비는 한국경제신문사가 주최한 유아복 부문에서 가장 인지도가 높은 브랜드에게 주는 '2003년 퍼스트 브랜드 대상'을 수상해 업계에서 주목 받고 있다.

이렇게 자리를 잡은 모아베이비 덕분에 나는 유아업계에서 이름만 들으면 알 수 있는 브랜드의 M&A프러포즈도 많이 받았다. 나는 그 순간에도 모아베이비를 위해 열심히 뛰어준 김 효진본부장과 김 미자 차장 그리고 직원들에게 고맙게 생각한다.

우리는 모아베이비의 외적인 성장 뿐만 아니라 이미지 제고에도 많은 힘을 기울였다. 특히 브랜드의 이미지가 중요한 유아복 사업에선 이미지 가꾸기가 절대적으로 필요한 일이었다. 모아베이비의 좋은 이미지를 위해 입양 가족을 위한 연극 공연을 하고, '모스크바 소년 합창단 초청 공연’을 주관 하는 등 다양한 이벤트도 펼쳤다. 이 이벤트는 앞으로 사랑의 문화 캠페인처럼 지속적으로 이어갈 생각이다.

유아업계를 취재하는 기자들이 내게 이런 얘기를 한 적이 있다. ‘모아베이비가 유아복 업계에 새로운 바람을 넣어주고 있다’는 것이다. 경기가 좋지 않아 움추려져 있는 시장에 무언가 새로운 마케팅을 시도 하고있는 점이 좋다고 했다. 나는 모아베이비를 하나의 생활 마케팅 관점으로 생각한다.

모아베이비는 이런 마음을 끝까지 잃고 싶지 않다. 합리적인 가격과 고급스러운 브랜드 이미지로 누가 선물 받아도 기분 좋은 브랜드로 기억되고 싶다.

유아복 하나에도 정성이 필요하다

요즘 '베이비 사인 (Baby Sign)'이 주목받고 있다. 인터넷 사이트를 통해 수많은 엄마들이 베이비 사인을 배우고 있다. 베이비 사인은 엄마들이 아직 말을 못하는 아기와 대화를 나누는 수단이다. 손을 이용해 수신호처럼 아이와 대화를 나눈다.

이것은 아기의 뇌 형성과 발달에도 도움을 주며 엄마의 애정을 표시하는데 유용하다. 또 정서 발달에도 무척 좋은 영향을 미친다. 이렇게 갓난 아기 때부터 정서 발달에 도움을 주면 성장 하면서 좋은 정서가 자연히 만들어진다.

아이들에겐 정서적인 발달이 무척 중요하다. 그래서 엄마들은 베이비 사인을 배우기도 하고, 스킨십을 통해 사랑을 전달하고 음악을 들려주거나, 동화책을 읽어준다.

어렸을 때 불안이나 공포, 두려움 같은 좋지 않은 정서가 형성되면 성장기나 성인이 되었을 때 안 좋은 영향을 끼친다. 그래서 아이들의 정서적인 발달은 그 만큼 중요한 것이다.

나는 모아베이비를 경영하면서 특히 이런 아이들의 정서적인 발달에 주목했다. 아이들의 EQ에 도움이 될만한 것이 무엇일까? 모아베이비 직원들과 회의를 할 때도 늘 이런 생각을 했다. 똑똑한 아이를 위한 아주 특별한 방법은 없을까? 가끔 내가 생각하는 방법은 현실적으로 불가능할 때도 있지만 나는 이런 상상만으로도 즐거워진다.

예를 들면 아이는 우뇌와 좌뇌가 함께 발달해야 똑똑해진다. 우뇌와 좌뇌가 발달 하려면 손을 자주 사용하는 것이 좋다. 그렇다면 아이들의 옷 소매에 방울을 달아놓으면 어떨까? 아이들은 소리가 나는 방울 때문에 자꾸 만지고 싶어질 거다.

또, 옷의 글씨를 누르면 재미있는 소리가 나거나 아빠와 엄마의 음성을 녹음해 그 소리가 날 수 있는 셔츠를 만든다면 아이는 글씨를 누르기 위해 손을 자주 사용하게 될 것이다. 그러면 뇌 발달에도 도움을 줄 수 있다. 아니면 아로마 향기 요법처럼 아이들의 정서를 안정시키고 EQ에 도움을 주는 상품을 개발하는 것도 필요할 것 같다.

나는 유아복에도 CRM이 필요하다고 생각한다. 왜냐하면 결국 유아복 고객에 대한 서비스 정신이 갖춰질 때 새로운 아이템도 만들어 낼 수 있게 되는 것이다. 나는 당장은 불가능할 지도 모르지만 아이의 정서 발달에 도움을 주는 상품을 개발해 모아베이비와 함께 키워나가고 싶다.

똑똑한 아이를 위한
똑똑한 엄마 유호정

유아복 광고를 보면 항상 아이들만 나온다. 유아복 광고니까 아이들만 나온다? 어떻게 보면 당연한 얘기 같지만 나는 엄마와 아이가 함께 등장하는 광고를 해보고 싶었다.

유아복 광고에서 어른 모델이 나오면 아이보다 어른에게 더 시선이 가서 성공하지 못한다는 얘기도 있지만, 이런 고정관념 때문에 해보지도 않고 처음부터 안 된다고 생각할 필요는 없다.

그래서 '똑똑한 패션 유아복'의 컨셉대로 모아 베이비 광고에 똑똑한 아이와 똑똑한 엄마를 함께 등장시키기로 했다. 우선 우리는 고객들을 대상으로 가장 똑똑하고 현명하게 아기를 키울 것 같은 엄마 연예인을 설문 조사했다. 많은 스타들이 물망에 올랐고 그 중에서 유호정 씨가 가장 높은 지지를 받았다.

고객들이 유호정 씨를 뽑은 이유는 그녀가 탤런트로서의 연기활동에도 적극적인데다가 평소 요리도 잘하고, 아이도 잘 키울 거 같고 집안 일도 똑 소리 나게 하는 살림꾼 이미지 때문이다.

유호정 씨를 섭외 하는 일은 쉽지 않았다. 그 당시 그녀는 어머니의 병간호를 위해 당분간 활동을 접었던 때이고 우리도 그녀의 명성만큼의 CF 출연료를 지급할 수 있는 상태가 아니었다. 그래서 난 김미자 차장에게 에이전시를 통하지 않고 직접 그녀와 통화를 해보라고 얘기했다. 뭔가 진심으로 우리의 뜻을 전달 하면 서로 얘기가 통할 것 같았다.

우리는 모아베이비가 펼치고 싶은 유아복 사업과 더불어 모아맘 등의 전반적인 유아사업에 대해 설명했다. 유호정 씨는 흔쾌히 모델 제의를 받아들여 주었다.

그 후 광고 촬영장에서 유호정 씨를 처음 보았다.

"참 좋은 일을 많이 하는 회사네요."

유호정 씨가 내게 건넨 첫 마디였다. 그녀는 얼굴도 예쁘지만 마음도 참 따뜻한 사람인 것 같았다. 그 따뜻한 마음이 모아 베이비 광고 속에 모두 담겨졌으면 하는 바람도 생겼다.

유호정 씨를 광고 모델로 한 후고 우리는 큰 효과를 보고 있다. 이혁재 씨, 이상아씨, 신애라씨, 하희라씨 등 유명 연예인들이 매장을 많이 방문

했고, 엄마들 사이에서도 유호정씨와 아이가 함께 나온 광고 속의 아기 옷은 아주 큰 인기를 끌었다. 옷 뿐만 아니라 유호정 씨가 유모차에 아기를 태운 광고가 나오면 유모차가 불티나게 팔렸다.

나는 유호정 씨에게 감사의 마음을 전하고 싶었다. 그래서 유호정 씨가 좋은 일을 하는 곳이라면 어디든 적극적으로 지원했다.

북한 용천 열차 폭발사고가 났을 때, 피해를 당한 북한의 어린이들에게 모아베이비의 유아복 및 용품을 보내기도 했다. 폭발 사고로 화상을 입고도 병원이 없어서 치료를 못 받는 아이들의 모습은 참으로 안타까웠다. 나는 직원들과 사랑의 모금 운동을 하여 북한 어린이 돕기에 적극 참여했다.

유호정 씨는 다른 봉사 활동도 많이 하고 있다. 우리는 유호정 씨가 홍보 가정으로 활동하고 있는 '헤비타드 사랑의 집 짓기 운동'에도 도움을 주었다. 헤비타드는 세계적인 집 짓기 운동으로, 기부금으로 소외된 이웃에게 집을 지어주는 봉사 활동이다.

나는 모아 베이비를 통해 많은 사회 봉사 활동을 하고 싶다 현재 진행하고 있는 봉사 활동도 더욱 적극적으로 펼쳐나갈 계획이다. 모아베이비는 매년 불우이웃과 장애 아동을 대상으로 '사랑의 문화 캠페인'을 열어 연극을 보게 해주었으며, 연극이 끝나고 난 뒤 제품을 나눠주거나 기증하는 '사랑의 기증 운동'까지 함께 했다. 또 유아복을 구입하기 힘든 미혼모들에게 무료로 유아복을 제공하는 운동을 펼치기도 했다.

모아베이비 광고의 탤런트 유호정씨. 우리는 단지 스타를 내세운 것이 아니다. 그녀는 우리 주변에 항상 있는 친근한 엄마의 이미지를 보여준다. 똑똑한 아이에게 필요한 정말 똑똑한 엄마다.

엄마가 아이를 사랑하는 마음. 유아 사업이야말로 그 어떤 사업보다 밑바탕에 사랑이 기본이 되어야 한다. 해맑은 아이들의 미소를 오랫동안 지켜주려면 아이를 사랑하는 엄마의 마음으로 이 사업을 끝까지 꾸려나가야 한다고 생각한다. 그 아이들이 모아베이비를 엄마의 품처럼 따뜻하게 오랫동안 기억할 수 있도록.

미래의 유아교육 사업,
아이들 세상 모아맘
(Moa Mom)

요즘 맞벌이 부부가 늘어나면서 아이를 맡길 곳이 턱없이 부족하다는 얘기를 많이 듣는다. 베이비시터를 따로 쓰자니 비용도 만만치 않고 믿고 맡기기에도 불안해 한다. 엄마들은 마음 놓고 직장 생활을 하기가 아주 어렵다는 것이다.

이런 때, 최근 정부는 보육 및 육아에 대한 투자야말로 국가가 하는 투자 중 가장 중요하고 우선해야 할 것이라는 발표를 했다. 보육과 육아정책에 많은 투자를 하겠다는 거다. 보육 및 육아교육 사업을 전개하고 있는 나로선 아주 반갑고 힘을 얻을 수 있는 발표다.

미래를 이끌 사업은 보육 및 육아교육 사업이다. 미래를 내다보는 기업이라면 이런 교육 사업에 대한 아낌없는 투자가 필요하다.

앞으로의 보육 정책은 일본이나 유럽처럼 가계보다는 국가가 책임지는 형태로 점점 바뀔 것이다. 나는 이런 미래의 보육 및 육아 사업에 한 발 앞서고자 '모아맘' 사업을 시작했다. 모아맘은 큐앤에스가 만들어가는 CRM의 정점인 사업이라고 할 수 있다.

난 모아맘 사업을 시작하기 까지 1년 정도 준비 기간을 가졌다. 뭐든 빨리 결정하고 시작하는 내 스타일에 비해 모아맘은 대단히 오래 걸린 사업이다. 어떻게 하면 보육 정책에 좀더 좋은 영향을 미칠까 고민도 했고 유아 교육과 보육 사업을 함께 가지고 가는 사업이어서 다른 사업에 비해 신중을 기했기 때문이다.

모아맘은 유치원에 가기 전 아이들의 교육을 책임지는 신개념의 교육기관이다. 사실 모아맘의 시작은 베이비시터의 개념으로부터 출발했다.

처음에는 베이비시터를 교육시켜 가정에 보내주는 정도였다. 하지만 베이비시터를 선정하고 관리하는 문제가 생각보다 어려웠다. 또 예전과 달리 아이들의 학습 개념 속도도 빨라져서 보다 체계적이고 지적인 켄텐츠가 필요했다. 초등학교 입학 하기 전부터 한글은 물론 영어까지 학습을 하는 경우가 많은 것이다. 그래서 단순히 아이를 봐주는 차원으로는 엄마나 아이들에게 큰 도움을 줄 수 없었다. 결국 우리는 보육과 교육을 통합하는 에듀케어(educare) 개념으로 사업의 기본 방향을 바꾸었다.

지금은 가정이나 회사와 연계되어 있는 교육 사업을 펼치지만 앞으로는 국가가 이 교육 사업을 담당해야 한다고 생각한다. 정부 지원금을 받아 질 좋은 교육 서비스를 아이들에게 되돌려 주어야 하는 것이다.

모아맘에선 보육과 교육을 책임지는 '파파 노노 베이비 스쿨'도 운영된다. 파파 노노 베이비 스쿨은 2004년 1월에 분당에서 그리고 그 이후 3월에는 잠원 센터 두 곳을 오픈했다.

'파파 노노'는 큐엔에스 자회사이며 클레이 애니매이션 전문 회사인 '픽토'가 개발한 순수 우리 캐릭터다. 현재 KBS TV 어린이 프로그램인 '하나 둘 셋 유치원'에 방송 되고 있다.

파파 노노 베이비 스쿨에서는 2세부터 6세까지의 아이들을 체계적이고 과학적인 프로그램을 가지고 교육시키고 있다. 또 아이를 맡긴 부모들이 마음 놓고 사회 생활을 할 수 있도록 오전 7시 30분 부터 밤 10시까지 운영된다.

인터넷 웹 캠을 통하여 부모들은 실시간으로 아이들의 모습을 언제 어디서든 볼 수 있으며 쪽지 기능을 통하여 학부모들과 선생님이 인터넷상으로 실시간 대화도 가능하다.

아이들의 식사는 우리 농산물로만 만드는 최고 수준의 영양 식단으로 준비하고 있고 정기적인 건강 검진까지 실시하고 있다. 파파 노노 베이비 스쿨에 오는 아이들에게 좀더 편안한 집과 같은 느낌을 주기 위해 우리는 아이의 눈에 맞춘 인테리어에도 많은 신경을 썼다.

처음엔 이렇게 가정과 '파파 노노 베이비 스쿨'을 연계해 교육사업을 전개하다가 좀더 많은 엄마들이 이용할 수 있도록 하는 방안을 강구했다. 그 방법 중 하나가 바로 기업과 함께 하는 것이었다.

그 중 나는 분당에 있는 한국 통신 KT 본사에 모아맘 유아 교육 사업의 뜻을 전했다. 한국 통신과 함께 파파 노노 베이비 스쿨을 운영해 보고 싶다는 거였다. 우리의 좋은 뜻은 전해졌고 한국 통신 보육 센터 위탁 사업을 맡게 되었다. 현재 한국 통신 보육 센터 내에 있는 '파파 노노 베이비 스쿨'에는 66명의 어린이와 영양사까지 8명의 선생님이 있다.

나는 아이들이 맘껏 꿈을 펼치고 뛰어 놀 수 있는 아이들 세상을 만들고 싶었다.

최근 정부는 유아 교육 사업에 더 많은 투자를 하겠다는 발표를 했다. 정부가 보육시설을 이용하는 아동의 보육비를 보조하는 '차등 보육비 제도'나 정부가 부모에게 직접 보육비를 지급하는 '바우처 제도' 등 다양하게 보육 지원을 할 계획이라는 뜻이다. 가정, 국가, 사회가 책임지는 미래의 유아 교육 사업 정책에 모아맘이 가장 모범적인 모델로 손꼽힐 수 있도록 나는 또 최선을 다할 것이다.

유아교육의 강국을 꿈꾸며

이제 아이들의 보육 문제는 가정 혼자의 문제가 아니라 사회와 국가 전체가 책임져야 할 문제이다.

특히 직장에 나가는 여성들이 점점 늘어나고 여성 인력의 사회 참여도를 높이기 위해서는 시급한 보육 정책 개선이 필요하다. 최근 정부가 보육 정책을 발표했지만 실현이 되기 까지는 아직도 많은 시간이 필요할 것 같다.

선진국의 보육정책중엔 우리가 참고 할 만한 것들이 많다. 특히 영국이나 일본의 보육 정책은 다른 나라의 좋은 모델이 되고 있다.

영국에는 '버퍼 베어(buffer bear)'라는 보육 제도가 있는데 맞벌이 부부들에게 큰 호응을 얻고 있다. 철도 회사에서 처음 시작된 버퍼 베어는 런던에 회사를 둔 맞벌이 부부가 기차역 내에 마련된 보육 시설에 출근할 때 아이를 맡기고 퇴근 하면 데리고 가는 제도다. 런던 외곽의 여러 기관과 보육 센터에서 협조해 운영되고 있다. 영국은 전철역마다 보육 시설이 굉장히 잘 되어 있다.

일본은 정부가 보육에 적극 나서고 있는 대표적인 나라로 꼽는다. 일본의 대부분 주택가에선 걸어서 15분, 자전거로 5분 거리에 있는 보육원을 찾을 수 있다.

이러한 공립 보육원에서는 '육아 수첩'을 만들어 아이들을 철저히 관리해 주고 있다. 이 수첩은 아이가 그 날 무엇을 했는지, 어떤 음식을 먹었는지, 어떤 행동을 했는지 또 무슨 문제는 없었는지를 편지 형식으로 빠짐없이 적는 수첩이다. 이 수첩은 아이를 찾으러 온 부모에게 주고, 부모는 아이의 발달 상황과 주의할 점 등을 적어서 보육 교사에게 다시 준다.

부모들은 상세히 적힌 육아 수첩을 보고 그날 아이가 뭘 했는지 알 수 있으며, 육아 수첩으로 아이를 꼼꼼히 관리해 줘서 더욱 편하게 직장을 다닐 수 있다.

앞으로의 유아교육은 국가가 함께 책임져야 한다. 그래야 국가와 사회, 가정이 하나가 될 수 있다.

국내 순수 캐릭터,
귀여운 말썽꾸러기
파파 & 노노

'**기**분이 좋으면 배를 팡! 팡! 엉덩이를 흔들 흔들~~

사고뭉치 덜렁이지만, 사랑스러운 하나 둘 셋의 친구랍니다.

호기심도 많고 생각도 많은 장난꾸러기 파파와 노노~'

아침이면 아이들은 TV 앞에 앉아서 이 노래를 신나게 따라 부른다. 엉덩이를 흔들 흔들 하는 부분이 나오면 신이 나서 벌떡 일어나 엉덩이를 마구 마구 흔든다.

아이들 사이에선 요즘 '파파 노노'가 화제다. 이 전에는 영국의 '텔레토비'가 우리 아이들의 최고 관심사였다. 하지만 이제 아니다. 아이들은 파파 노노송을 따라 부르는 것은 기본이고 파파와 노노가 기분 좋을 때 하는 배치기와 엉덩이를 흔들어대는 율동까지 완벽하게 따라 한다.

나는 그런 아이들을 볼 때면 마음이 뿌듯하다. 옷이나 장난감 심지어 교재까지 모두 국내 브랜드보다 외국 브랜드를 선호하는 가운데 한국의 캐릭터 인형이 아이들을 사로 잡고 있다는 것은 아주 반가운 일이다.

파파와 노노는 국내 순수 캐릭터다. 파파는 주황색 모자에 눈이 크고 몸이 파란색이어서 붙여진 이름이다. 노노는 파란색 모자에 몸이 노란색이라 노노란 이름이 붙었다. 파란색의 파파, 노란색의 노노는 아이들을 위해 발음하기 쉽게 만든 이름이다.

파파와 노노는 어떻게 보면 동물 같기도 하고 외계인 같기도 하고 사람 같기도 하다. 이런 독특한 모습이 아이들은 물론 어른인 내가 보아도 절로 웃음이 나온다. 이 캐릭터를 처음 본 어떤 사람들은 순수 캐릭터란 말에 놀라기부터 할 때가 많다.

"이거 순수 캐릭터 맞아요? 외국에서 건너 온 캐릭터 아니에요? 너무 잘 만들었네요."

나는 사람들이 파파와 노노가 외국 캐릭터 아니냐고 물을 때가 제일 즐겁다. 그 만큼 국내 캐릭터 수준도 세계화 됐다는 의미로 들리기 때문이다. 파파와 노노가 나오기 전까지는 외국 캐릭터인 '디지몬'이나 '텔레토비'가 안방 극장을 차지하고 있었다. 이제는 외국 캐릭터에 견주어도 손색이 없는 파파와 노노가 아이들의 마음을 사로잡고 있는 것이다.

아이들이 파파와 노노를 좋아하는 것은 그저 기분 좋다의 느낌으로 끝나는 문제가 아니다. 이런 사실은 국내 유아시장에 또 다른 가능성을 열어 놓은 것이기도 하다.

엄마들에게 우리 아이 교재, 교구 브랜드 얘기를 하면 가장 먼저 몬테소리나 오르다를 떠올린다. 나는 이런 유아 교육 교재나 교구에 대한 인식도 변해야 한다고 생각한다.

얼마 전 뉴스에서 호주에 코알라가 너무 많아 생태계에 위협을 주고 있다는 내용을 봤다. 그래서 코알라를 몇 만 마리 죽인다는 거다. 코알라를 다른 나라로 보내면 좋겠지만 코알라는 호주가 아닌 곳에서는 살지 못한다고 한다. 호주는 코알라가 살 수 있는 최적의 환경이다. 다른 곳 어디도 호주와 완전히 같은 환경을 찾을 수가 없다.

나는 유아교육도 코알라가 살 수 있는 최적의 환경에 빗대어 말하고 싶다. 한국은 유럽이나 미국과 다르다. 하물며 가까운 일본과도 환경이 다르다. 그런데 무조건 다른 나라 어린이 교재와 교구가 최고라고 하는 것은 타당하지 않다. 그 교재, 교구는 그 나라 어린이의 정서에 맞춰서 나온 것이지 한국 아이들의 정서에 맞춘 교재가 아니기 때문이다.

그래서 파파와 노노는 내게 많은 가능성을 선물한 친구다. 파파와 노노처럼 아이를 생각하는 엄마의 마음으로, 아이와 엄마가 공감할 수 있는 교육 환경을 만들어 줄 수 있다면 더 이상 외국브랜드에 한국 유아 교재,교구가 밀리는 일은 없을 것이기 때문이다.

이렇게 아이들을 위한 교재나 교구 캐릭터 등을 만들려면 우선 아이들의 성격에서부터 무엇을 좋아하는지, 어떤 음식을 싫어하는지, 영양과 발육을 위해서 무엇을 섭취해야 하는지 등의 정확한 자료 분석과 연구가 필요하다.

이러한 캐릭터 개발과 앞으로의 유아사업을 확장 하기 위해 큐앤에스가 투자한 회사가 있다. 바로 '픽토'다. 픽토는 클레이 애니매이션 캐릭터 전문 회사다.

클레이 애니메이션은 클레이(Clay)와 애니메이션(Animation)의 합성어로 우리말로 '점토 애니메이션'이라고도 부른다. 찰흙 등의 점성이 있는 소재를 이용하여 인형을 만들고, 소재의 점성을 이용해 조금씩 변형된 형태를 만들어서 촬영하는 형식의 애니메이션이다. 클레이 애니메이션 사업을 중심으로 최근들어 내가 중점을 두고 있는 것이 바로 파파와 노노 같은 캐릭터 사업이다.

픽토는 현재 삼성출판사와 제휴하여 아이들이 보는 동화책을 출판하는 것과 함께 모아맘의 '파파 노노 베이비 스쿨'의 유치원복, 가방 등에 들어가는 파파, 노노 캐릭터 사업에도 신경을 쓰고 있다.

이스라엘 아이들에게 오르다와 몬테소리가 있다면 한국 아이들에게는 파파 노노가 있다. 나는 이제부터 시작이라고 생각한다. 나는 파파 노노 캐릭터를 엄마와 아이가 모두 좋아하는 국내 최고의 브랜드로 만들고 싶다.

유아교육에도 맞춤 서비스가 필요하다

아이를 키우는 것에는 정답이 없다. 그러다 보니 유아 교육도 해마다 유행하는 패션이 달라지듯 어떤 흐름을 타고 변화한다. 한동안 IQ를 좋게 해주는 방법에 대한 것들이 인기였다. IQ가 좋으면 논리적인 사고를 잘하게 된다는 주장이 뒷받침 돼서 그 IQ 열풍은 대단했다.

IQ가 좋으면 학교 공부를 잘하게 되고, 각종 시험에서 좋은 점수를 얻어 성공하는 아이로 키울 수 있다고 믿었던 것이다.

한참 아이의 IQ가 좋아지는 것에 관심을 갖던 엄마들 사이에 이번엔 EQ교육이 등장했다. EQ의 중요성은 이렇다. 예를 들어 학교 성적은 기억력이나 추리력에 의해 결정되지만 그보다 더 중요한 것은 인내심이나 주의 집중력, 유혹에 대한 저항력이다. 그래서 EQ를 높여주는 교육을 하면 아이가 지구력과 인내심이 많아지고 집중력이 높아지기 때문에 IQ 높은 사람보다 훌륭한 사람이 될 확률이 높다는 것이다.

최근에는 '아이를 느리게 키우기'에 대한 관심이 높아지기도 했다. 아이들에겐 아이의 몸과 뇌, 생각이 자라는 저만의 속도가 있기 때문에 그 속도를 따라 느긋하게 키우는 것이 아이가 고르게 성장할 수 있는 지름길이라는 것이다.

나는 아이의 IQ를 중점으로 둔 교육을 해야 한다고 생각하지 않는다. 물론 EQ에만 중점을 둬야 하는 것도 아니다. 아이의 교육은 철마다 달라지는 옷이 아니기 때문이다.

지금 엄마들 사이에서 인기 있는 교육 방법에 관심을 가질 것이 아니라 우리 아이 한 명 한 명에게 진짜 맞는 교육을 찾는 방법을 생각해야 할 때다. 각자 아이의 개성에 맞는 교육을 해야 하는 것이다.

나는 유아교육에도 맞춤서비스가 필요하다고 생각한다. 아이 한 명 한 명의 개성을 살려줄 수 있는 교육. 나는 개성 있는 유아교육을 위해 내 열정을 다쏟고 있다.

인디 세대를 위한 패션 브랜드 엘록(ELOQ)

나 같이 30대이면서 80년대 학번을 가지고 60년대에 태어난 사람을 '386 세대' 라 부른다.

그 이후엔 90년대 신세대를 일컫는 X세대, 인터넷 문화를 이끄는 사이버 세대인 C세대가 등장했고, 그 시대의 문화를 이끄는 세대에 맞춰서 모든 트랜드가 움직였다.

요즘은 웰빙족이 유행이다. 웰빙족은 모든 삶의 자세를 좀 더 나은, 고급스럽고 여유 있는 생활에 초점을 맞춘다. 웰빙족이 유행하면서 운동, 패션, 음식 같은 것도 웰빙족에 맞춰서 트랜드를 달리하고 있다. 운동도 건강을 생각하는 요가가 뜨고 음식도 웰빙족에 맞춰서 무공해 채소, 무공해 과일이 붐을 일으킨다.

386세대, X세대, C세대, 웰빙족 모두가 그 당시 문화를 이끄는 세대들이고 패션, 음식 등 모든 트랜드는 그 세대에 맞춰서 같이 움직이게 된다.

나는 앞으로 우리 문화를 이끌어갈 세대는 '인디 세대(Inde-Generation)'라고 생각한다. 인디 세대는 90년대 X세대의 젊은 층이 자라서 형성한 세대. 가수 서태지, MTV, 시트콤, 밀리오레, 편의점, 채팅과 같은 단어가 친근한 세대다. 나이별로 보면 24살에서 32살까지의 젊은 층이다. 이 세대는 90년대 신세대들이 자라서 형성한 세대이기 때문에 그 만큼 개성이 강하고 독립적인 성향을 가지고 있다.

나는 이 인디 세대의 독립적인 성향을 만족시켜줄 수 있는 새로운 패션 문화에 눈을 돌렸고 새로운 브랜드 엘록을 탄생시켰다.

엘록은 개성과 독립적인 성향을 가진 인디 세대를 위한 트랜드 캐주얼이다. 이전에 유행했던 감성 캐주얼이나 캐포츠와는 차별화된 캐주얼이다. 엘록은 합리적인 가격과 뉴욕의 도시적이고 세련된 이미지를 추구하는 대중적인 명품 브랜드이다.

나는 엘록을 패션 브랜드로만 보지 않는다. 엘록이라는 패션 브랜드에 문화를 접목시켜 의류 문화 사업으로 본다. 의류 문화 사업이라고 해서 거창한 것이 아니다. 엘록을 좋아하는 매니아들이 모여서 영화도 보고 서로간의 커뮤니티를 공유하는 것이다. 이런 매니아들이 점점 많이 모이게 되면 '엘록족'이라는 새로운 문화를 이끄는 세대가 탄생하게 된다. 그렇게 되면 엘록족은 인디 세대를 대표하는 하나의 문화 키워드가 될 것이다. 난 엘록을 패션 브랜드이자 인디 세대의 문화 키워드로 만들고 싶다.

새로운 브랜드 런칭에 주위의 반대도 심했다. 현재 패션 업계에서는 유명한 패션 회사들도 브랜드 런칭 후 실패하는 경우가 많기 때문이다. 그래서 대부분 새로운 브랜드를 만드는데 투자를 하지 않는다. 이러한 상황에서 새로운 브랜드를 탄생시키는 것은 모험이다.

하지만 나는 필요할 때는 과감히 모험을 해야 한다고 생각한다. 그래서 모든 패션 브랜드가 새로운 브랜드 런칭을 망설이는 순간에 과감하게 투자를 한 것이다.

엘록 브랜드를 탄생하기까지 이랜드 시절 함께 했던 동료, 후배들의 도움이 컸다. 현재 엘록의 멤버 중에는 이랜드 시절 나와 함께 했던 사람들이 많다. 이랜드 시절부터 함께 해서인지 우린 서로 호흡이 척척 맞는다.

특히, 김효진 총괄 본부장은 나와 이랜드 동기이자 좋은 친구다. 김효진 본부장은 항상 섬세한 전략을 계획해서 내가 놓치는 것들을 챙겨주기도 한다.

나는 엘록 마케팅을 할 때도 문화를 연결시키는 브랜드 홍보를 생각하고 있다. 예를 들면 인디 세대의 독립을 위한 '독립 자금 마련 이벤트' 나

무비OK와 연계해 '인디 무비 페스티벌' 등을 펼치고 싶다. 인디 무비 페스티벌은 매주 수요일마다 혼자 영화를 보는 이벤트다. 물론 즉석 파티도 열 것이다.

또 인디 세대를 위한 독립 페스티벌도 계획 중이다. '인디 독립 페스티벌' 은 인디 세대 중 가장 인디 세대다운 사람을 선발해 경품도 주고 그들만의 라이프 스타일을 스토리로 엮어 다양한 문화 컨텐츠로 활용하는 이벤트다.

엘록은 젊은 고객들의 빠른 반응을 볼 수 있는 로드샵 위주로 선보이고 있다. 로드샵은 고객들의 반응을 즉각적으로 볼 수 있는 곳이기도 하지만 밖에서 매장 이미지를 한 눈에 볼 수 있기 때문에 엘록 브랜드를 좀더 빠르게 인식할 수 있다는 장점도 있다.

개성, 독립, 자유로움! 인디 세대를 나타내는 이 말들 속에 나는 엘록이라는 말을 하나 더 넣고 싶다. 인디 세대를 위한 패션 브랜드 엘록은 단순한 패션 브랜드로 남기 보다는 문화를 이끄는 브랜드가 될 것이다.

따뜻한 사랑 나누는
'사랑의 문화 캠페인'

나는 한 기업을 볼 때 떠오르는 어떤 이미지를 중요하게 생각한
다. 그 기업의 이미지는 사람들에게 오랫동안 남는다. 한번 안
좋아진 이미지는 회복하기 힘들지만 좋은 이미지는 시간이 흘러도 계속
기억에 남는다. 그래서 기업은 광고나 캠페인, 여러 가지 봉사 활동을 통
해 좋은 이미지를 지속적으로 부각시키려고 노력하는 것이다.

큐앤에스는 그 동안 여러 차례 마련한 사랑의 문화 캠페인을 통해 한층
따뜻하고 정겨운 이미지를 갖게 된 것 같다. 사랑의 문화 캠페인은 각종
문화활동으로부터 소외된 우리 주변의 이웃들과 함께 문화를 즐길 수 있
는 시간을 나누기 위해 마련됐다.

우리는 2001년 동영아트홀에서 처음으로 사랑의 영화 캠페인을 준비

했다. 우리가 동영아트홀을 직접 경영했기 때문에 좀더 쉽게 무료로 영화를 보여줄 수 있었다. 그 때 여름 방학을 맞은 '상록 보육원' 아이들을 초청해 영화 '슈렉'을 함께 봤다. 나는 부모 없이 여름방학을 외롭게 보낼 아이들에게 조금이나마 위안이 되고 싶었다.

그 때 마침 캠페인 소식을 들은 이탈리아식 레스토랑인 '프레스코'에서 아이들에게 음식을 무료로 제공하겠다고 해서 영화를 본 후 아이들은 맛있게 음식을 먹었다. 큐앤에스 직원들도 먼저 나서서 아이들과 사진도 찍고 신나게 놀아 주었다. 누가 아이고 어른인지 모를 정도로 모두가 즐거운 한 때를 보냈다.

내게도 그 시간은 아주 알찬 시간이었다. 그 동안 수익을 남기는 사업을 해야 한다는 강박관념 때문에, 잊고 살았던 게 무엇이었나 잠시 돌아볼 수 있는 시간이 됐다.

그 후엔 '선덕원' 어린이 56명을 초청해 '해리포터와 마법사의 돌'을 상영했고 1년에 두 번씩 방학 때마다 소년 소녀 가장이나 복지원 어린이들을 초청해 사랑의 문화 캠페인을 펼치고 있다.

이 일을 계기로 나는 어떤 행사를 기획할 때마다 사랑이라는 테마를 염두에 두게 된다. 2002년 동영아트홀 리뉴얼 오픈 기념 행사 때도 사랑이라는 테마를 가지고 행사를 진행했다. 국민의 5.4%만이 헌혈을 하고 있다는 소식을 듣고 대한 적십자사와 연대해 '사랑의 헌혈 행사'를 마련했던 것이다. 사랑의 헌혈 행사는 누구나 헌혈증을 가지고 오면 무료로 영화를 보여주는 기획이었다.

나는 해를 거듭할수록 사랑의 문화 캠페인에 대한 애착이 더 깊어지는 것을 느낀다. 특히 올해 마련한 사랑의 문화 캠페인은 아주 특별한 의미로 기억된다. 언어 장애를 딛고 세계적인 가수가 된 '가레스 게이츠'의 공연을 주관하면서 장애우들에게 희망을 주고 싶어 함께 관람할 수 있는 시간을 마련했던 것이다.

어느 날 나는 인터넷을 검색하다가 우연히 가레스 게이츠 공연 소식을 접하게 됐다. 가레스 게이츠는 선천적인 언어 장애를 딛고 세계적으로 성공한 가수다. 그는 영국 전역으로 방영되는 TV 공개 오디션 프로그램에서 발탁 돼 가수가 될 정도로 대단한 실력을 보여주고 있다.

그는 오디션 당시 자신의 이름과 사는 곳을 소개하는데 무려 5분이나 걸릴 정도로 심한 언어 장애를 보였다고 한다. 하지만 유창한 노래 실력으로 그 자리에 있던 심사 위원과 TV를 시청하고 있는 영국 전국민을 감동시켰다. 가레스 게이츠는 이런 장애에도 불구하고 영국 음악 사상 최연소 1위 데뷔 가수라는 타이틀을 가지고 있다.

나는 언어 장애를 딛고 세계적인 가수가 된 가레스 게이츠가 주는 희망의 메시지를 장애우들에게도 주고 싶었다. 그래서 '가레스 게이츠 2004년 라이브 인 서울' 공연에 '사랑의 교회 복지관' 등의 장애우 50명을 초청해 공연을 관람하는 사랑의 문화 캠페인을 마련했던 것이다.

특히 이 공연은 기존의 공연과 달리 스탠딩 공연으로 진행돼 장애우들에게도 새로운 문화 체험의 기회가 될 수 있었다. 자신의 자전적인 이야기를 담은 '왓 마이 하트 원츠 투 세이(What my heart wants to say)'를 열창하는 모습은 공연을 관람한 모든 사람들에게 감동을 주었다.

공연 후 가레스 게이츠와 함께 사진을 찍는 '따뜻한 포토 타임'도 가졌는데, 이 시간 역시 장애우들에게 좀더 기억에 남는 특별한 시간을 갖게 해주고 싶어 마련한 시간이었다. 이번 공연은 음악으로 하나가 되는 멋진 공연이었다. 짧은 시간이었지만 사랑의 문화 캠페인 행사를 하면서 가장 보람 있었던 순간이었다.

좋은 기업이란, 단지 돈만 많이 벌어서 성공한 기업이 아니라는 생각을 늘 하고 있다. 돈을 번 만큼, 기업이 이룬 만큼 소외된 이웃과 사회에 되돌려주어야 한다. 함께 나누는 마음을 통해 사람과 기업 그리고 우리 사회가 더욱 끈끈한 정으로 연결될 수 있을 것이다.

큐앤에스는 앞으로도 소년 소녀 가장이나 복지원 어린이, 장애우, 소외된 이웃을 대상으로 영화나 연극, 콘서트를 관람할 수 있는 이벤트를 지속적으로 마련하려고 한다. 그저 단순한 문화 공연을 관람하는 것에서 벗어나 좀더 특별한 이벤트도 함께 준비하고 있다.

'왜 사업 확장이라든가, 어떻게 하면 계약에 성공할 수 있을까 하는, 거시적인 게 아니고 사랑의 문화 캠페인 같은 작은 것을 고민하고 계세요.' 라는 질문을 받은 적이 있다. 아마 그는 내가 작고 하찮은 문제에 시간을 낭비한다고 생각했을 지도 모르겠다.

물론 사업 확장이나 계약도 사업가인 나에겐 아주 중요한 문제다. 하지만 이웃과 함께 할 수 있는 기쁨도 사업만큼 대단하다.

사랑의 문화 캠페인은 지속성이 필요하다. 그래야 하나의 캠페인으로서 자리잡을 수 있고, 그것이 곧 기업의 이미지에 직결될 수 있기 때문이다. 우리가 공연장을 직접 가지고 있거나 쉽게 활용할 수 있는 여건이 마련돼 있으면 이런 캠페인을 계속 끌고 갈 수 있는데 많은 도움이 된다. 그래서 새로운 공연장을 마련할 계획을 갖게 됐다.

새로운 공연장이 어디가 좋을까 고민하던 중 우연히 서울 근교에 버려진 폐교가 많다는 소리를 들었다. 이런 폐교들은 아예 방치해 두거나 잘 활용이 안되 그 지역 지자체가 골머리를 썩고 있는 경우가 많다. 폐교를 이용한 주말 농장이나 연수원이 세워지기는 하지만 폐교 수에 비해 그 수가 적어서 폐교를 이용한 활용도는 떨어지는 편이다.

난 이런 폐교를 이용해 공연장을 만들어야겠다고 생각했다. 폐교를 이용해 공연장을 만들면 지방 자치단체의 폐교 활용 방안에도 충분히 도움을 줄 수 있다. 폐교는 운동장이 넓어서 주차하기도 좋고, 조금만 리노베이션을 한다면 손색 없는 공연장이 된다.

공연도 비싼 요금을 내고 보는 공연이 아니라 함께 즐길 수 있는 공연을 만드는 거다. 더구나 요즘은 주5일 근무제가 정착되면서 주말을 이용해 놀러 가는 사람들도 많아졌다. 주말을 이용해 놀러 가는 가족들과 그 지역 주민들을 주말마다 이 공연장으로 올 수 있게 한다면 새로운 공연 문화는 정착 될 수 있다.

주말마다 이 공연장으로 사람들이 모이게 되면 주변 상권은 활성화 되고 거기서 수익이 발생하여 지역 사회가 발전을 하게 된다. 공연이라는 작은 문화 산업이 지역 사회 발전을 가져오게 되는 것이다. 그렇게 되면 지방 자치 단체는 이 공연장에 더욱 많은 투자를 해 활성화 시키게 될 것이다.

나는 이 공연장에 오는 사람들에게 공연과 함께 보여 주고 싶은 게 있다. 공연이 끝나고 나오면서 볼 수 있는 밤 하늘의 별이다. 아름다운 별을 보면서 잠시 여유를 가졌으면 하는 마음에서다.

제5장 내가 만난 최웅수

인간미 넘치는 CEO

'**피**터 드러커'는 「성공하는 기업은 특정 시점에서 용기 있는 의사
결정을 내리는 누군가에 의해 이끌어진다. 또한 잘못된 결정을
수정할 수 있는 용기도 가지고 있어야 한다」고 하였다.

필자가 2년 여 동안 지근거리에서 관심 있게 지켜 본 최웅수 사장은 바
로 이러한 두 가지 용기를 모두 갖추고 있는 CEO라고 말할 수 있다.

그는 30대 초반의 나이에 창업에 필수적인 이렇다 할 자본이나 전문인
력도 없이 오직 도전할 가치가 있고 성공할 수 있다는 신념과 용기만으
로 중견기업의 간부직을 미련 없이 버리고 적수공권(?)으로 당시로서는
전혀 생소한 대기업 고객에 대한 서비스를 대행해 주는 업체인 큐앤에스
를 창업하였다.

1997년 창업이후 4년 여 만에 큐앤에스는 정부로부터 '30대 창조기업'으로 선정되었고 '대한민국 벤처기업 대상'을 수상했는가 하면 그 이듬해에는 언론사로부터 '우량기술기업'으로 선정되기도 하였다.

이제 큐앤에스는 불과 7년 동안에 6개의 계열기업을 거느린 코스닥 등록기업으로서 그 터전을 확고히 하고 밝은 미래를 향해 힘차게 나아가고 있다.

큐앤에스가 오늘에 이르기까지에는 최웅수 사장의 성실성과 신뢰성에 바탕을 둔 경영능력 등 여러 가지 성공요인이 겹쳤겠지만 무엇보다도 그의 용기 있는 의사결정과 잘못된 결정을 수정 할 수 있는 용기를 갖추고 있다는 점을 필자는 제일의 요건으로 꼽고 싶다.

누군가「CEO가 저지르는 실수 가운데 가장 심각한 실수는 자기가 편안하게 대할 수 있는 사람들만 고용하는 것이다. CEO가 필요로 하는 사람은 그런 사람이 아니라 당신과 친한 사람이 아니더라도 그 일을 가장 잘 할 수 있는 사람을 찾아라」고 CEO들에게 충고한 바 있다.

최웅수 사장은 사원을 채용함에 있어 학연, 지연 등 각종 연고와 인맥을 철저히 무시하고 능력과 성실성을 최우선시 하고 있다. 이러한 사실은 200명 가까운 임직원 가운데 최사장의 친인척이 단 한명도 없다는 사실이 이를 증명해 주고 있다.

우리나라 중소기업(벤처기업 포함)과 대기업의 CEO들이 회사를 경영함에 있어 가장 관심을 갖는 정치적 연줄이나 배경을 구축하는 일에도 최사장은 전혀 관심을 기울이지 않고 오직 자신의 아이디어와 노력, 추진력과 임직원의 단합된 힘 등에만 의존하고 있다.

특히 우리나라 중소기업의 경우 정치적 역학관계의 변동에 따라 부침(浮沈)과 명멸이 아주 심하지만 큐앤에스의 경우 최사장의 이런 경영철학으로 좋든싫든 지금까지 정치적 변환에 따른 경제외적인 요인의 영향을 받은 바 없으며 앞으로도 결코 없을 것으로 생각된다.

보통 우리는 한 인물을 평할 때 겉으로는 부드럽고 순하게 보이나 마음속으로는 단단하고 굳세다는 표현으로 외유내강(外柔內剛)이라는 말과 그 반대의 경우 외강내유라는 말을 많이 인용한다.

최사장의 경우는 외유내강인 것 같기도 하면서 외강내유이고 외강내유인 듯 하면서 외유내강이라 이 네 글자를 가지고 그를 평하기는 어려울 것 같다는 생각이다.

그러나 한가지 분명한 것은 그는 의리를 중히 여기고 인간미 넘치는 사람인 것만은 분명하다고 하겠다.

-큐앤에스 이성해 회장-

열정과 이성의
절묘한 조화!

첫 인상!
　사람들이 버릴 수 없는 고정관념 중 하나가 바로 첫인상이다.
사람을 처음 만났을 때, 그 사람에게 받는 결정적인 인상, 어느새 그 사
람의 전체를 규정짓고 마는 고정관념. 인생을 살면 살수록 자꾸 이 첫 인
상에 대한 의존도가 커지는 것 같다.

　그런 의미에서 지인의 소개로 우연히 만난 최웅수 사장의 첫인상은 '열
정적이다' 혹은 '에너지 넘치고, 정이 넘친다' 등의 강렬한 인상이었다.

　그러나 최웅수란 친구와의 만남을 가질수록, 그에게서 조금씩 다른 모
습을 발견했다.

　처음에는 워낙 사석에서 만나 지극히 개인적인 인상을 받았다면, 그의

일하는 모습, 다른 사람을 대하는 모습, 집요하게 어떤 일에 집중해서 결과를 내는 모습, 세상의 흐름과 이슈를 정확히 판단해 내는 모습을 발견했을 때, 사업가로서의 냉철한 이성도 느껴졌다.

감성적인 '열정'과 냉철한 '이성'의 절묘한 조화!

최웅수란 친구를 이렇게 표현해 보고 싶다. 이게 바로 그를 규정짓는 가장 큰 힘이라고 생각한다. 사소한 아이템, 그냥 지나칠 수 있는 일들을 멋진 사업으로 엮어내는 그의 힘은 바로 이런 것에 있지 않을까?

이런 면에서 그는 분명 매력 있고 재미있는 후배인 것 같다. 한가지 모습으로 규정 지을 수 없는, 띄엄띄엄 보기에는 늘 새로움이 있는...

그러나 모든 것을 떠나서 최웅수란 사람은

"형님, 제가 잘 몰라서 그러는데요, 요즘 이러한 일이 있는데 해결 방법으로 좋은 건 없을까요? 어떻게 하는 게 좋을까요?"

이렇게 물어보는 그가 좋다. 늘 배우려는 자세, 늘 멈추지 않고 한발 앞서 나가려는, 마치 살아서 움직이는 싱싱한 생명체와 같은 그에게서 또 다른 삶의 자극을 받게 된다.

－가수 태진아－

키보드를 누르며,
노래하는 멋쟁이 사업가

"사업은 첫사랑처럼 해야 한다고 합니다. 첫사랑이 오래오래 잊혀지지 않는 것은 그만큼 생각이 많았기 때문이고 첫사랑이 아름답게 기억되는 것은 아름다운 꿈을 갖고 사랑했기 때문입니다. 첫사랑을 우리가 죽을 때까지 간직하고 싶어하는 것은 죽을 만큼 혼신의 힘을 기울였기 때문입니다."

어느 라디오 프로그램의 오프닝 멘트를 모은 책에서 읽은 이 글귀는 고개를 끄덕이게 한다.

세상에서 가장 심오한 것으로 사업을 들 수 있는데 사업은 수학공식이나 과학법칙을 뛰어넘고 상식과 예견을 깨뜨린다. 사업은 초능력자가 숟가락을 구부리면서 정신을 집중시켜 결국은 성공하듯이 '반드시 성공한다' 는 자기암시로 강하게 밀어붙이는 사람을 좋아한다는 친절한 설명도 이어졌다.

최웅수 사장을 보면서 이 멘트가 적합하다는 생각을 한 적이 있다. 사업주는 독특한 기(氣)로 사업을 기적적으로 키우고 사업주의 기와 혼은 하나의 사업을 살아있는 생명체가 되게 한다는데, 바로 최사장을 보면 그런 기가 느껴진다.

물론 기가 세고 능력이 있다고 무조건 사업가로 성공한다고 볼 수는 없지만 최사장은 뜨거운 가슴도 가진 경우라고 볼 수 있다. 한번 본 사람은 반드시 챙기고 또 자기 사람으로 철저하게 관리해나가는 정성이야말로 우리 모두가 가져야 할 덕목이 아닐까. 누군가 사람을 움직이는 것은 돈도 권력도 명예도 아닌 바로 뜨거운 가슴이라고 했는데 최웅수 사장이 그 비슷한 마인드를 가진 사업가가 아닐까 한다.

키보드를 연주하며 노래하는 멋쟁이 사업가. 어떤 일이건 첫사랑만큼 혼신의 힘을 기울이는 그에게서 자주 희망을 본다.

-일간스포츠 박재영 편집국장-

금융인이 보는
사업가 최웅수

큐 앤에스의 홍보실에서 최웅수 사장이 책을 낸다고 칼럼 원고를 부탁 받았다. 나는 마음속으로 약간의 망설임도 없이 그리하겠노라고 흔쾌히 수락을 했다. 보통의 경우 글 솜씨가 없는 내겐 이러한 부탁이 거절하기도 어렵고 여간 거북스러운 것이 아니지만 나도 모르게 흔쾌히 수락한 것은 내가 비록 최웅수 사장과는 회사의 CEO와 회사의 외부 감사인으로 만난 지 이제 겨우 2년밖에 되지 않았지만 내 스스로가 최웅수 사장에게 인간적으로 매료되어 있기 때문이다.

최웅수 사장을 떠 올리면 생각나는 것은 '솔직, 성실, 편안하다', '휴대폰 문자메시지를 애용한다', '패기 있다', '바쁘다', '인연을 소중히 여긴다.' 등 이다.

고객관리 전문업체인 큐앤에스가 반도체 장비업체인 에스아이테크를 인수해서 코스닥에 우회등록 할 당시 나름대로 반도체 장비시장이 '이방인'에게는 그리 만만한 시장이 아니라는 점을 꼬치꼬치 따져 물으려고 작심하고 찾아갔던 기자에게 "솔직히 반도체에 대해 잘 모릅니다."라고 의외의 솔직한 대답을 하니 다음 질문을 던지기가 무색해졌다는 기사를 읽은 적이 있다. 역시 최웅수 사장다운 면모를 볼 수 있는 기사였다. 이러한 솔직한 품성이 내게 있어서 최웅수 사장을 편안하게 생각하고 업무를 떠나 소주 한 잔 같이 하고 싶은 친구처럼 느끼게 한다.

누구나 최웅수 사장을 만나 잠깐 이야기를 나눈다면 다부지고 건강한 체격에서 일에 대한 열정과 패기, 자신감의 에너지가 넘쳐 흐르는 것을 쉽게 느낄 수 있을 것이다. 그는 이러한 열정과 패기로 몸소 실천하고 솔선수범하고 그 결과를 겸허히 받아들일 줄 아는, 일을 좋아하는 이상적인 벤처기업의 CEO다.

또한 최웅수 사장은 휴대폰 문자메시지를 어느 젊은이 못지 않게 능숙한 솜씨로 즐겨 사용하는 신세대(?)다. 말로 다하지 못한 감사의 표현, 직원에 대한 사랑의 표현 및 격려 등 직원들과의 비공식적 커뮤니케이션을 문자메시지를 통하여 전달하고 받는다. 이처럼 최웅수 사장은 직원이든 사업상 만나는 이든 한번의 인연을 소홀히 생각치 않고 생산적이고 창조적인 인연으로 만들어 가는 감성 경영인이다.

'인생은 최선을 다해 노력하는 자에게는 우연이라는 다리를 놓아준다.' 라는 말이 있다. 지금까지 해 온 것처럼 항상 솔직, 성실하고, 인연을 소중히 여기며, 패기 있게 최선을 다하고 그 결과를 겸허히 받아들이는 자세로 사업을 추진해 나가면 정말 멋진 우연이라는 다리를 하나님께서 놓아주실 것이라 믿으며 최웅수 사장님의 앞날에 많은 행운과 우연이라는 다리가 함께 하길 기원해 본다.

-삼정회계법인 양승열 상무-

문화로 미래를 꿈꾼다

21세기는 문화의 시대이다. 정책직으로 문화예술 산업을 육성하고, 많은 기업들이 그 중요성을 인식해 투자를 아끼지 않는다.

잘 개발된 문화상품 하나가 한 국가의 경제를 책임지기도 하는 이때에 문화의 힘은 곧 국가의 위상을 상징 한다고 볼 수 있다. 이처럼 문화가 중요시 되고 있는 요즘은 경제에까지 그 힘을 미치고 있다.

많은 기업들이 문화마케팅을 중요한 마케팅 전술로 이용하고 있으며 또 최근 부각되고 있는 문화마케팅 성공 사례들이 바로 문화마케팅의 중요도를 분명히 보여주고 있다.

이러한 문화 마케팅이 기업의 생존전략이 되어버린 지금 최웅수 대표는 앞으로의 시대에 바람직한 동반자라 할 수 있겠다. 그가 이끄는 큐앤에스는 고객만족과 고객중심을 최우선 가치로 삼은 투명 경영으로 현재 다양한 엔터테인먼트 네트웍을 통해 그 분야 최고의 매출과 시장점유를 자랑하고 있다.

큐앤에스에서 행하는 문화사업들은 앞으로의 문화시장에서 필요한 핵심적 부문이자 미래를 내다 봤을 때 그 성장 가능성은 무한하다.

또한 2001년부터 지속적으로 개최해온 '사랑의 문화 캠페인'은 문화의 사각지대에 놓여진 소외 계층에게 새로운 세상을 열어주었고 그가 후원해온 각 공연들은 한국의 문화예술이 척박한 토양 위에 뿌리 내릴 수 있는 원동력이었다.

단지 기업의 이윤을 위한 투자가 아닌, 문화예술의 의의를 살리고 진정한 사회 환원 의미로서의 문화마케팅을 행하고 있는 그는 한마디로 기업과 예술이 함께 나아갈 수 있는 문화마케팅의 바람직한 성공모델을 제시하고 있다 할 수 있겠다.

앞으로도 큐앤에스와 같이 소비자 중심으로 생각하고 이해할 자세가 전제되어있는 바람직한 문화기업이 제 역할을 다해 미래사회의 주춧돌이 되어주길 바란다.

-설앤컴퍼니 설도윤대표-

전략가형 CEO

내가 최용수 사장을 처음 대면하게 된 것은 3년 전쯤으로 기억된다. 곰 같은 몸집에 여성스러우리 만큼 상냥한 말투(?), 하지만 내면에 흐르는 강인함. 첫인상에 대한 느낌은 이랬다. 업무상으로 알게 되었지만, 만남이 잦고 동년배이고 해서 친구하기로 하고 만나게 되었다. 음주, 흡연을 안하는 모범적 생활습관을 가지고 있는 최사장이지만, 어떤 자리에서도 분위기를 맞추고 리드하는 보스 스타일의 소유자이다.

일에 대한 집념과 추진력은 대단하여 타의 귀범이 되었다. 그는 친화력을 가진 인간적인 CEO이다. 예전에 이런 일이 있었다. '계몽문화센터'에 본사를 두고 있었을 때, 새로 영입하는 분을 소개 시켜 준 일이 있었다. 그 분은 고위공직자 출신의 연륜 있으신 분으로 회장직으로 오신 분이라고 했다. 그러면서 그 분을 모시고 와서 소개시켜 주는데, 그 자리에서 그 분께 '형님'이라는 호칭으로 대우하는 것을 보고 내심 크게 놀란 적이 있었다. 아버지뻘인데 형님으로 호칭하는 것이 실례가 아닌가 하는 점이었는데, 그 친구 왈 "인생의 선배로서 뿐만 아니라 인간적인 친밀의 의미로 형님이라는 호칭이 더 서로를 잘 알 수 있고 친밀해 질 수 있지 않느냐? 형님, 아우 하면 못할 말도 없지 않는가?" 하는 것이었다. 형님, 아우 하면서 자신의 모든 모습을 진솔하게 표현하는 그에게 정말 인간적인 매력을 느끼지 않을 수 없었다.

나는 벤처투자 업무를 수년간 해오면서 많은 벤처 사업가를 접하게 되는데, 그러면서 다양한 CEO유형을 직접 체험해 볼 수 있었다.

CEO유형 중 첫번째 유형으로, 엔지니어 출신의 기술 의존형 CEO를 꼽을 수 있다. 이러한 유형은 기술적인 업적을 쌓는데는 능하지만, 이를 사업화 하여 성공시키는 사업가적 자질이 결여되어 있는 경우가 많다. 다음은 저돌적 CEO형으로 지금의 사업 아이템과는 거리가 먼 학력과 경력의 소유자로 의지 하나로, 무대포로 밀어 붙이는 유형. 그리고 전략가형 CEO는 다양한 경험과 노하우를 가지고 사업아이템을 개발하고 전략적으로 시장에 접근하여 사업화 시키는 유형이다.

최사장은 한마디로 전략가형 CEO라 할 수 있다. 사업적 아이디어가 풍부하고, 필요시 과감한 추진력으로 사업기회를 성공적으로 실행하는 훌륭한 사업가라 할 수 있다.

최웅수 사장이 자신의 인생 역경과 성공스토리, 그리고 무엇보다도 열정과 사랑을 가지고 경영하고 있는 큐앤에스의 태동과 발전과정, 그리고 미래상 등을 책으로 엮는다는 이야기를 듣고 이 책이 직장 가족들에게는 자부심과 긍지를, 성공에 도전하는 다른 벤처 기업인들에게는 용기와 자신감을, 그리고 친구 동료들에게는 따뜻한 인간극장 한편으로 다가오길 바라며, 큐앤에스와 최웅수 사장이 더욱더 발전하여 우리나라의 한 획을 긋는 기업과 기업인으로 거듭나길 바란다. 최웅수라면 그럴 수 있으리라 확신한다.

-넥서스(Venture capital) 투자담당 조경식 이사-

모아베이비와 좋은 일
많이 하고 싶어요

똑똑한 패션 유아복, 모아베이비에서 실시한 '똑똑한 엄마 이미지를 가진 여자 연예인' 설문조사 결과 1위에 유호정 씨가 선정됐어요. 그래서 모아베이비에서 유호정 씨를 모델로 모시고 싶습니다."

이런 전화를 받았을 때 솔직히 일하고 싶은 생각은 별로 없었다. 아이를 키우는 엄마로 좀더 있고 싶어서 일을 쉬고 있었기 때문이다. 하지만 전화를 받고 나는 일단 아기 옷 브랜드이기 때문에 관심이 갔다. 어떤 브랜드인지 궁금했다.

주변 사람들에게 물어보니까 아직 많이 알려지지는 않았지만, 모아방에서 모아베이비로 이름을 바꾸면서, 1년 여 만에 유아복 시장의 주목을 받으며 성장하고 있는 회사라고 했다.

나는 한참을 고민하다 모아 베이비 사장이 좋은 일도 많이 한다는 이야기를 듣고 함께 일하면 좋겠다는 확신이 조금씩 들기 시작했다. 그렇게 해서 모아 베이비와의 모델 계약은 순조롭게 진행됐다. 특히 나는 모델료 중 일부를 어려운 이웃을 위해 도와주고 싶다고 했고 내 말에 모아베이비도 적극 돕겠다고 했다.

그 후 나는 모아베이비 광고의 첫 촬영을 하기 위해 스튜디오로 향했다. 그 때 키도 크고, 한 편으로는 카리스마가 느껴지게 하는 최웅수 대표를 처음 만났다.

나는 그가 촬영장을 지켜보기도 하고 스튜디오 식구들과 군것질 하는 모습을 보면서 외모와 다른 섬세함도 느꼈다.

그리고 모아베이비와 함께 하면서 백혈병 어린이를 돕기 위해 삼성카드와 함께 진행하고 있는 '푸른 싹 키우기 운동'과 큐앤에스의 문화 나누기 캠페인인 '사랑의 문화 캠페인'을 한다는 이야기를 들었다. 나는 이윤도 중요하지만 이웃과 함께 나눌 수 있는 사랑도 생각하는 기업이라는 점이 너무 마음에 들었다.

기업의 사회 환원을 중요하게 생각하고 있는 최웅수 사장의 뜻처럼 올 하반기에는 모아베이비와 함께 이웃을 특히, 어린이들을 위해서 나도 좋은 일을 함께 많이 하고 싶다.

-탤런트 유호정-

퇴근길에 술 한 잔 걸치고
싶은 친구

최웅수를 생각하면 그냥 웃음이 나온다.

나보다 나이는 한참 아래지만 언제 보아도 친근감이 절로 나고, 그냥 그렇게 적적한 날, 불러서 술 한잔 기울이고 싶은 친구다.

웅수 후배를 처음 만난 건 벌써 7년 전인 것 같다. 잘 아는 한의사 소개로 우연히 알게 됐는데, 워낙 뜻과 생각이 잘 맞아 종종 술 한잔 마시며 살아가는 이야기를 나눈다. 그런데 참 우습게도 웅수 후배는 술 자리에 잘 있지만 술을 잘 못 마시는 사람이다. '생긴 외모와는 달리' 말이다.

그래도 그와 함께 하는 자리는 언제나 즐겁다. 아이디어가 끊이지 않고, 삶에 대한 에너지, 호기심, 순수한 열정과 사람에 대한 애정이 가득 넘쳐 묵은 피로도 잊게 하고, 또 다시 살고 싶은 에너지를 충전 받기도 한다.

또 알게 모르게 상대방을 향한 세심한 배려도 잊지 않는 마음가짐을 갖고 있다.

그런 면에서 나는 인간 최웅수란 사람을 잘 알고 더 매력을 느끼는 것 같다.

그를 보고 있으면 언제나 삶의 정 중앙에서 열정적으로 살고 있다는 생각이 든다. 또 그는 그 정 중앙에서 에너지를 분출하는 삶을 즐기며, 원을 넓혀 더 많은 사람들에게 그 에너지를 전달한다.

그래서 해가 바뀔 때마다 그를 다시 보면 눈부신 성장을 거듭하고 있다.

그가 이끄는 사업도 인간 최웅수도 언제나 멈추지 않고 질주하며, 세상에 자신을 던져 더 멋진 사람으로 더 볼륨 있는 사업으로 변신하고 있다.

그를 처음 봤을 때와 지금 모습과 그의 사업은 정말 '無에서 有를 창조'하는 드라마틱한 과정을 선보였다.

요즘 웅수 후배와 나는 여러 일을 한꺼번에 벌이고 있어 자주 보지 못하지만, 삶을 즐기고 사람을 사랑하는 우리는 조만간 유쾌한 술자리를 가질 것이다. 그리고 언제나처럼 있는 그대로의 모습으로 삶을 이야기 하리라. 언제 만나도 갈 곳이 있는 그의 발걸음이, 어디로 갈지 어떤 모습을 보여줄 지 참 기다려진다.

언제 봐도 변함없는 그의 묵은 웃음처럼 말이다.

-돈텔마마 김경찬 대표-

지리산과 같은 넉넉한 기상

백두대간의 힘찬 준령이 한반도 삼천리를 달려와 멈춰진 곳. 동이민족의 기상이 뭉쳐진 지리산은 언제나 어머니 품속과 같은 넉넉한 산이다. 기쁨과 슬픔, 증오와 용서, 전쟁에서 평화와 화해를 만들어 내는 산이다.

지리산은 세상의 모든 갈등을 용광로처럼 녹여서 우리민족에게 사시사철 골고루 자연의 혜택을 나누어 주기도 한다.

한국의 남녘땅에 지리산이 존재한다는 것은 속도와 경쟁만을 추구하면서 살아가는 우리들에게는 정말 보물창고와 같은 것이라 하겠다.

사람들 사이의 사회적 관계는 우연한 만남을 계기로 하여 이루어지는 것이 보통이다. 필자와 최웅수 사장과의 관계도 예외는 아닌 것 같다.

한국대중예술을 산업화 하기위해 불철주야 헌신하고 있는 문화창투의 김운태사장 소개로 최사장을 처음 상면하였을 때 필자는 이 사람이야말로 한국의 차세대 기업가 중 지리산과 같은 강력한 기운과 넉넉한 포용력을 갖춘 인물이라고 감히 말한 적이 있다.

형형한 눈빛과 지리산 웅석봉처럼 우람한 코는 자수성가형의 카리스마가 있어 보였다. 한국사회에서 사업을 하려면 일단 '신.언.서.판(身.言.書.判)'이라고, 얼굴과 풍채와 언변과 판단력이 좋으면 누구에게나 호감을 가지게끔 되는 법이다.

최웅수사장의 관상을 4계절에 비교했을 때 여름에 해당되는 형이다. 여름은 계절적으로 자연을 무성하게 만들어 줄 뿐 아니라 왕성한 세력을 발휘하여 아무도 그 세력을 이길 수가 없다.

이른 봄에 씨앗을 뿌리고 여름엔 왕성하게 성장하고 열매를 여물게 만들면서 태풍을 통해 미리 가지치기와 영글지 않는 열매들을 낙과시켜 버린다. 가을이 되면 결실을 거두게 되고 겨울은 모든 생명들이 성장을 멈추게 된다. 이것이 곧 천도(天道)요, 삶의 순환원리인 것이다.

인간의 삶에 있어 가장 왕성하고 활발하게 일을 할 수 있는 계절은 여름이다. 최사장의 관상은 여름형이므로 지금 경제가 어려운 시절이지만 계속해서 성장을 거듭할 것이고 또한 많은 이윤도 창출할 것이다.

다가오는 가을에는 많은 결실을 거두어 사회와 여러 사람들을 골고루 행복하게 할 것이다.

'신은 죽었다'고 선언한 니체는 '우리의 운명은 우리가 그것의 본성을 배우기 전부터 우리에게 영향력을 행사해 왔다'고 이야기함으로써 인간의 운명을 인정하였다. 이처럼 서양인의 과학적 합리주의에 비해 경천애인에 근원을 둔 신비주의 동양인에게는 우주와 자연의 법칙은 곧 인간생활과 동일한 법칙이었다. 자연에 순응하는 음양오행의 무수한 변화 철학은 곧 사주학을 탄생시킨 것이다. 인간의 길흉화복을 예견할 수 있는 학문이 바로 명리학인 것이다. 21세기처럼 정보화시대를 살아가는 우리들에게도 아직까지 사주는 뭇 사람들의 흥미거리다. 옛사람의 말씀에 의하면 무릇 인간에게 사주란 관상만 못하고 관상 또한 심상만 못하다는 것이다.

그러나 최웅수 사장은 아름다운 심상까지 겸비하고 있으니 이 얼마나 금상첨화인가!

그는 항상 어려운 이웃에 남모르게 적선을 많이 행하고 있다. 이는 기독교 정신의 섬김과 나눔의 대표적인 행함을 실천하고 있는 것이다.

2003년 세계적인 거장 장예모감독이 연출하여 한국을 뜨겁게 달구었던 오페라 '투란도트' 공연의 성공처럼 앞으로 최사장이 하는 사업마다 어쩐지 대박이 터질 것 같은 예감이 든다.

21세기는 문화의 시대다.

최웅수 사장은 미래 한국의 문화산업에 자기가 개발한 독창적인 사업 모델로 많은 부를 축적하여 세상살이에 지쳐있는 우리 이웃들에게 더 많은 행복을 안겨 줄 것이라 믿어 의심치 않는다.

-도예가 현암 최정간-

순수한 열정이 느껴지는
CEO

최웅수 사장의 첫 인상은 무척 인상적이었다. 남성미 넘치는 외모와는 달리 쑥스러운 듯 웃으며 인사 하는 모습이 여성스럽다는 느낌도 들었다.

사실 그를 만나기 전 큐앤에스와 사장에 대해 일부 좋지 않은 평가를 들은 적이 있다. 하지만 그를 만나 본 후 헛 소문이라는 확신을 갖게 됐다.

최웅수 사장은 기업을 이끌어 가는 CEO로서, 새로운 분야의 비즈니스를 만들어낸 마케터로서 단점보다는 장점이 훨씬 더 많은 사람이다. 필자는 요즘 사회 초년생이나 갓 사업을 시작하는 이들에게 그에 대한 몇 가지 이야기들을 들려주곤 한다.

나는 사회생활 경험이 매우 풍부한 것은 아니다. 하지만 나름대로 다양한 분야의 신규사업을 진행했다. 그리고 많은 CEO를 만나본 결과 성공과 실패의 가장 큰 차이는 사업을 주도하는 CEO의 생각과 의지에서 비롯된다는 것을 느낄 수 있었다.

내가 최웅수 사장을 성공한, 아니 앞으로 더 크게 성장할 CEO로 평가하는 데는 몇 가지 이유가 있다.

첫째, 직접 발로 뛰는 CEO라는 점이다. 큐앤에스를 볼 때 단순히 아이디어 하나로 성공한 기업이라고 말하는 사람들이 있다. 하지만 나는 그렇게 생각하지 않는다. 대개 실패한 사업의 경우 아이디어가 부족 했다기 보다는 그 아이디어를 현실화 시키지 못 해서인 경우가 대부분이다. 한 회사의 리더는 훌륭한 아이디어를 만들어내는 것보다는 현실화 시키는 것이 중요하다. 좋은 아이디어를 가진 사람은 세상천지에 널렸다. 그러나 일의 바닥까지 아는 리더는 흔치 않기 때문이다.

둘째, 앞으로의 모습을 상상하기 보다는 현실에 충실하고자 하는 사람이라는 것이다. 내가 지켜본 한 신규사업의 리더는 늘 사업 성공 이후의 자신의 몸값 상승에 대한 이야기를 하곤 했다. 하지만 그의 사업은 실패했다. CEO는 향후 자신이 가질 수 있는 이익을 생각하기 보다는 현실에 충실해야 한다. 그러면 기회는 언젠가 찾아온다. 내가 만난 최웅수 사장은 현실에 충실한 사람이다.

셋째, 돈을 쫓는 사람이 아니라 돈의 흐름을 쫓는 사람이라는 점이다. 사업을 하는데 있어 돈이란 가장 중요한 것이다. 돈에 무관심한 사람이 기업을 운영한다면 그 기업은 개인의 취미생활 정도의 수준 밖에 될 수 없다. CEO는 회사의 매출을 위해 뛰어야 하는 것이다. 하지만 눈앞에 놓여진 거액의 돈이 보장되었을 때 도덕성을 저버려서는 안 된다. 나는 돈 앞에서 무너지는 CEO들을 몇몇 본 적이 있다. 그런 경우 결코 오래 가는 사람을 본 적도 없다. 도덕성을 버리고 먹은 떡은 체하기 마련인 것이다. 내가 만난 최웅수는 눈앞에 놓여진 이익보다는 회사의 발전 가능성으로 승부를 보는 CEO다.

넷째, 최웅수 사장은 진정한 자존심이 무엇인지를 아는 사람이다. CEO로서 가장 중요한 것이 무엇인가. 그것은 개인의 명예도 개인의 재산도 아니다. 진정한 CEO는 자신이 운영하는 회사의 현재와 미래로 평가 받는 것이다. 지금 이 나라 이 땅에는 소위 양아치라 불리는 CEO들이 있다. 그들과 대화를 해보면 하나같이 자신이 얼마나 똑똑한 사람인지, 자신의 몸값이 얼마인지, 자신의 인맥이 얼마나 빵빵한지, 이 회사가 얼마짜리 회사인지에 대해 열변을 토하곤 한다. 나는 그런 사람들을 볼 때 '저 회사가 얼마나 버틸까... 과연 저 회사 직원들은 비젼이 있다고 생각할까.' 라는 생각이 든다. 큐앤에스는 스스로를 낮출 줄 아는 회사다. 내가 얼마나 대단한지를 말하는 것이 아니라 내가 무엇을 할 수 있다고 말하는 회사. 그런 회사의 CEO가 바로 최웅수 사장이다.

다섯째, 사람에 대해 잘 아는 사람이다. CEO가 갖춰야 하는 자질 중 하나는 사람을 상대하는 능력이다. 아무리 실력이 있고 자금이 풍부해도 사람의 마음을 읽지 못하고 얻지 못한다면 성공할 수 없다. CEO는 주변 사람들을 자기 편으로 만들 줄 아는 능력을 갖춰야 하는 것이다.

내가 아는 한 회사는 새로운 CEO를 영입했다. 그는 스스로가 너무 똑똑해서 사람을 이해하고 사귀는데 관심이 전혀 없었다. 그래서 늘 자신의 의견만을 끊임없이 말하곤 했다. 그 결과 그는 1년 만에 그 자리를 내놔야 했다. CEO는 자신이 하는 말에 대해 상대방이 어떻게 받아들일지 어떻게 행동해야 상대방이 나를 위해 움직여줄지를 파악할 수 있어야 한다. 최웅수 사장은 상대방을 이해하고 배려하는 마음이 따뜻한 사람이다.

마지막으로 최웅수 사장은 자신의 생각을 분명하게 말 할 줄 아는 사람이다. 자신이 이 시점에 어떻게 말을 해야 하는지, 무슨 말을 해야 하는지 누구보다도 잘 아는 사람이다. 이것은 앞서 말한 것처럼 상대방에 대한 이해와 배려를 갖추는 것과 일맥 상통하는 얘기다. CEO는 긴 시간 이야기해도 지루하지 않게 그 때 그 때 상황이나 상대방에 대해 파악하는 순발력이 필요하다. 이점은 최웅수 사장의 가장 큰 매력이다. 필자가 가장 부러워하는 능력이기도 하다. 그에게 '대체 어떻게 그렇게 말씀을 잘하세요?' 라고 물어본 적이 있다. 그는 '아니요. 제가 무슨 말을 잘 해요. 저는 그냥 편하게 놔두시면 지껄이긴 하는데 말을 잘 하는 건지는 모르겠어요. 그런데 멍석 깔아 놓으면 절대 말 못해요.' 하며 겸손한 모습을 보였다. 그가 편하게 말할 때 가장 말을 잘한다고 하는 것은 아마 순수하기 때문이라고 생각한다. 최웅수 사장은 내가 본 CEO 중에 가장 순수한 사람이며 담백한 맛이 느껴지는 CEO다.

-CareerCare 유희정 컨설턴트-

그의 강점을 말하다

A.내가 만난 최웅수 사장

1991년 신입사원 시절에 만난 동기생 최웅수-[소신맨]

예나 지금이나... 육중한 그의 몸매는 주목의 대상이 되기에 충분했습니다. 왜냐? 그는 신입사원 시절 늘 통통한 (뚱뚱하다고 표현하면... 화를 냄^^) 몸매를 과시라도 하듯 몸에 심하게 끼는 청바지만 입고 다녔습니다. 여직원들의 주목을 늘 받고 다녔지요. 사람들은 그가 지나다닐 때마다, "어디 칼 없니?" 라는 말을 늘 하고 다녔답니다. 칼만 대면 바지가 헐크 바지 된다나요? ^^ 멋을 아는 빼바지의 소유자였습니다. 요즘은 그런 모습을 볼 수 없어 안타깝습니다.

친구 최웅수는 정형화된 일보다는 늘 새로운 도전을 즐기는 친구였습니다. 그래서 남들은 안정된 브랜드에서 일하길 원하는 사람이 대부분이었지만 웅수는 신규를 선택했습니다. 자기 소신이 분명한 몇 안 되는 친구였습니다.

항상 자기의 윗사람에게 잘 보이려 하기보단 동료나 후배, 아르바이트 친구들을 더 귀하게 생각하는 면이 많았지요. 명동 지점장 생활 때도 이전에 발생했던 많은 문제들을 묵묵히 해결해가며 현장에 충실했던 친구입니다. 덕분에 승진은 다른 동기들보다 좀 늦었지만 동료들과 친구들 사이에선 늘 인기 있는 친구였습니다. 퇴사한 동기들 중에 대부분은 대리, 과장으로 퇴사한 친구들이 많은데 자신은 유독 주임으로 퇴사한 것을 무공훈장이라도 탄 것처럼 자랑스러워 하는 재미있는 친구였지요. 분명한 것은 훗날 뭔가 큰 일 낼 친구라는 것을 짐작하기에 충분했던 친구였습니다.

10년만에 다시 만난 큐앤에스 사장 최웅수-[액션맨]

2002년, 10년 만에 최사장을 우연히 다시 만나서 큐앤에스라는 회사를 방문했을 때 사훈이 '즉시 하자' 라는 것을 보고 입가에 웃음이 흘렀습니다. 역시나 일을 내서 최고경영자의 위치에 서있던 최웅수 사장의 신입사원 시절 한 편의 그림이 떠올랐기 때문입니다.

영업부시절 물건을 나를 때, 역도 선수들이 하는 허리벨트를 허리에 두르고 씩씩대면서 일을 하던 그의 모습이 생각났기 때문입니다. 변함없는 액션맨 최웅수로 꿋꿋이 서 있었습니다.

㈜모아베이비 경영을 통해 본 파트너 최웅수-[권한위임]

10년 만에 우연히 다시 만난 최사장은 뜬금없이 "유아복을 인수하려 하는데 혹시 본부장으로 일해볼 생각이 있니?"라고 묻는 것이었습니다. 다소 의아했던 것은 신입사원 시절 동기로서만 알뿐 경영자로서 혹은 평생 파트너로서는 서로 검증이 안된 채, 10년 가까이 헤어져 일하다가 만난 친구에게 선뜻 브랜드를 맡기려는 제안을 하는 사장 최웅수. 무슨 농담을 하는 건지, 장난을 치는 건 아닌가 하는 생각을 하게 되었습니다. 나중에 물어볼 생각입니다.^^ 무슨 확신이 있었는지, 꿈에 내가 나타났던 건지^^

모아베이비를 맡아 일하면서 4,5개월이 지나도록 둘이 식사 한번을 못했습니다. 일주일에 한번 미팅을 해도 시간은 고작 10분 정도. 그 10분 미팅 중에 약 5분은 다른 사람과 전화를 하거나 문자를 주고받는 놀라운

멀티능력의 소유자입니다. 명색이 몇 백억을 하는 회사를 맡겨놓았으면 물을 일도 많을 것이고, 다그칠 일도 많으련만 그렇게 하지 않았습니다. 권한을 확실하게 위임해 주었던 것입니다. 모아베이비의 성공 이유 중에 가장 중요한 키는 최사장의 권한위임과 직원 모두의 탁월한 열정 덕분이었습니다.

[탈 권위주의]

대부분의 중견기업의 사장들처럼 직접 현장에서 뛰며 수많은 의사결정과 분주함이 늘 그의 곁엔 있었지만 스트레스에 찌든 모습보다는 늘 유머와 웃음, 때론 수준을 넘어선? 농담으로 직원들과 허물없이 지내곤 합니다. (대외적인 손님을 만날 땐 제가 최사장의 재치에 혹 상대가 오해하지나 않을까 조마조마한 적도 많답니다.^^)

덕분에, 초기에 회사 직원들과의 융화가 정말이지 잘 되었지요. 사장님이란 인식보단 직원들에겐 친근감 있는 선배님처럼 여겨졌던 것이었습니다. 지금도 모아베이비 디자인실 남성 인기순위 1위를 유지하는 이유가 바로 이런 점 때문이지요.

때론 아기 같은 순수한 웃음과 농담도 그렇지만 지금도 일요일엔 만화를 즐기며 (비밀인데... 이 땐 사모님이라도 방해하면 화낸다네요.) 스트레스를 해소하는 순수주의자이기도 하지요.

신규 ELOQ(엘록) 런칭을 시작하며 보게된 아이디어 액션형 최사장-
[한 발 앞선 의사 결정력 + 추진력]

2003년 추석연휴 첫날밤. 무려 두 시간의 핸드폰 통화를 태어나서 처음 해보았습니다. 신규사업에 대한 논의였지요.밤 10시에 시작된 통화는 12시가 넘어서야 끝이 났습니다. (그 달 사장님 통화요금 장난 아니었겠지요.)

추석연휴가 끝나자마자, 일사처리로 진행되는 신규사업의 의사결정. 임원회의 검증을 거친 후 즉시 실행에 옮기는 추진력이 대기업에선 경험할 수 없는 스피드라는 경쟁력이었습니다. 급변하는 21세기, 어설픈 예측보다는 적절한 시기에 빠르게 의사결정하고 추진할 줄 아는 리더였습니다.

B.가장 돋보이는 두 가지 강점

1.탁월한 대인관계력

a.자기사람 만들기 (앗! 형님! 접니다!)

최사장이 핸드폰을 받을 때 첫마디는, 둘 중 하나입니다.

"앗! 형님! 접니다."하고 폰을 들고 밖으로 나갑니다. 왠 비밀이 그리도 많은지... 아마도 최사장이 인복이 많다는 말을 이 책에서도 여러분이 했을 것입니다. 저는 생각이 좀 다릅니다. 물론 인복도 있습니다.하지만 인복 보다는 좋은 사람을 자기 사람으로 만드는 탁월함이 있습니다. 늘 솔직함과 소탈함으로 정면승부하는 그만의 노하우가 돋보이는 대목이라 할 수 있지요.

b.자기사람 챙기기 (응! 나다!)

최사장이 핸드폰을 받을 때 첫마디 중 또 하나는 이것입니다.

"응! 나다!"

언뜻 들으면 무슨 조폭 조직 같은 언변으로 오해하기 십상이지요. 일단 관계가 형성되면 업무적인 관계로서 보다는 형, 아우 같은 관계로 발전시키는 능력이 있습니다. 최사장이 잘 쓰는 말이 있습니다. "나(최사장)는 외부의 공격대상이 나(최사장)를 건드리는 것은 용서할 수 있으나, 우리 직원들을 건들면 그 건 용서 못한다."라고. 그만큼 자기 직원과 관계인은 철저 보호하려는 그만의 의지가 묻어나는 대목이라 생각합니다.

저 또한 이런 최사장의 모습으로 인해, 당장의 눈에 보이는 이익보다는 평생 함께 할 수 있는 동반자라는 확신이 들어 일에만 전념할 수 있게 되었습니다. 저의 필요는 최사장이 알아서 챙겨준다는 확신이지요.

c.자기사람 안 넣기 (낙하산 절대금물!)

최사장은 자기 아내가 회사에 단순한 전화를 하는 것도 못하게 하는 정도입니다. 그러니 회사 출입은 두말할 것도 없지요. 지금까지 한 번도 친인척이나 지인들을 조직에 심으려고 하는 것을 경험하지 못했습니다. 철저히 공개적인 선발을 통해 사람들을 선발합니다. 일반 회사에서 흔히 꼭 자기 주변의 사람을 채용하는 핵심부서도 최사장은 공개채용을 하더군요.

이런 점이 직원들에게는 시사하는 바가 크다고 생각합니다. 최사장은 가장 민감한 인사제도의 투명성을 유지하기 위해 노력하는 사람입니다.

2.협상우위력 & 프로정신

얼마 전 어떤 분야에서 탁월함을 인정 받는 타 회사의 한 직원과 함께 하는 미팅이 있었습니다. 최사장이 잘 아는 분야도 아니었고, 그 사람은 절대 협상과 속칭 말빨에서 지지않는 분이었음에도 미팅 후에 "내가 왠만해서는 안 밀리는데 최사장님, 보통이 아니네요." 하더군요.

협상과 논쟁 때 묵직한 체구에서 나오는 파워라고나 할까? 부담주지 않으면서도 상대를 압도해 나가는 전략적인 화술이 예술인 친구입니다.

 지기를 죽기보다 싫어하는 프로정신 덕분에, 절대 손해보지 않는 경영자중 하나라고 생각합니다. 여러 투자에서도 어떤 형태로든 이익을 내는 프로정신이 투철한 승부사죠. 대부분의 경우는 전체가 하나가 되어 일을 처리하지만, 어떤 경우엔 회사에서 대부분의 사람들이 반대하는 행사도 거의 혼자 결과물을 만들어 내는 때도 있었죠. 결국엔 어떤 형태로든 이익을 내고야 마는 그의 승부근성! 그만의 강점입니다.

-큐앤에스 의류사업 김효진 군장-

남성적인 추진력과
여성적인 섬세함의 만남

먹이를 찾아 산기슭을 헤메는 표범이 있다. 야수 같은 느낌, 공격적인 자세로 그는 먹이를 찾아 달려간다. 그리고 반드시 그 목표인 먹이를 쟁취해내고야 만다. 진도에 가면 벌판에서 자유롭게 노는 진돗개를 볼 수 있다. 그들은 언제나 자유롭지만 색깔이 분명하다. 그리고 그들은 주인, 혹은 한 번 좋아하는 것에 대해 쉽게 정을 떼지 않는 특성을 갖고 있다. 최웅수 대표는 이 두 가지 느낌을 가지고 있는 사람이다.

큐앤에스 최웅수 사장님과의 첫 만남은 2000년 9월에 시작됐다. 개인적으로 알고 있는 선배를 통해 만난 최대표의 인상은 영락없는 표범이었다. 처음 본 내게, 당당하게 목표를 제시하고는 즉시 내일부터 출근 하라는 것이다.

지금까지도 4년 전 그 날의 기억이 너무 생생하다. 그 이후 4년 동안 홍보팀 조차 없던 큐앤에스에 홍보팀을 만들어 나가면서 오늘까지 사장님의 직속 부서로 일하고 있다.

언론에서 큐앤에스란 회사가 뭐 하는 회사인지, 어딘지 인식조차 없을 때, 사장님은 언론에 'Everyday Pupblicty', 홍보실적 수치화하는 작업을 하라고 했다.

나는 최웅수 사장님과 부딪치면서도 지속적인 홍보 스토리를 만들어 나갔다. 450여건에 이르는 언론기사와 보도, 사랑의 문화 캠페인, 조성모 홍보이사, 투란도트, CEO 밴드 시무식 홍보까지, 회사에서 진행하는 일부터 CEO가 관여하는 소소한 행사까지... 항상 그 자리에 우리가 함께 있었던 것 같다.

인생 선배로서 혹은 상사로서 최사장님은 어떤 일을 성공적으로 성사시켰을 때, 꼭 그 일에 대해서 칭찬하는 걸 잊지 않는다. 그러나 항상 그는 거기에서 멈추지 말 것을 주문한다. 그리고 더 큰 것, 더 완벽하게 처리할 수 있는 방법을 제시한다.

큐앤에스는 늘 움직이고 성장해나가는 회사기 때문에 언제나 새로운 변화가 있었다. 입사 2년이 지나고 홍보팀이 안정화 되었을 때, 코스닥에 등록하면서 조금의 변화를 겪게 되었다. 코스닥 등록이란 큰 일 앞에서 사장님은 조직 변화에 혹시라도 내가 힘들어 할 까봐 많은 이야기를 해줬었다.

어려운 순간이나 기쁨의 순간 늘 빠지지 않고 최대표의 문자메시지를 받았다. 지우기 아까운 따뜻한 문자도 많았다.

내가 예전에 사장님께 이런 말을 한 적이 있다.

"사장님은 남성적인 추진력과 여성적인 섬세함이 함께 있어서 사업적으로 뛰어나신 것 같아요."

그 말처럼, 최웅수란 사람에게는 극단적인 매력이 동시에 존재한다.

먹이를 찾아 눈 덮힌 산속을 헤매는 표범 같은, 때로는 벌판을 자유롭게 뛰어다니는 진돗개 같은 모습으로 말이다.

어떤 모습이 그의 진짜 모습이라고 단정할 수 없다. 그러나 분명 그에게 극단적 모습이 함께 존재하며 이 두 가지 모습을 마음으로 느낀 사람은, 그와 수많은 일을 겪어보고 싶게 그 매력에서 벗어날 수 없는 힘을 느끼게 된다는 것이다. 강물이 흘러 바다로 가고, 바다가 다시 강물로 모이는 그 아찔한 '인연' 처럼 말이다.

-큐앤에스 홍보실 이태주 팀장-

포기하지 않는 CEO

올해는 내가 최웅수 대표와 일 한지 10연차 되는 해이다. 10년을 바라본 최웅수 대표의 모습은 '열정적인 사람', '실패하지 않는 사람', '포기하지 않는 사람', '情이 있는 사람' 이라는 거다.

그를 아는 모든 사람들은 그가 매우 열정적이라는 것을 쉽게 눈치 챘다. 그는 모든 일에 최선을 다하며 모든 일에 열정적이다. 가끔은 그런 모습이 무서울 정도다.

사실 나에게 주어진 안목은 한계가 있기 때문에 그가 얼마나 더 성공을 할지 잘 모른다. 하지만 그가 실패하지 않을 거라는 것은 분명하다. 그 생각은 10년 전이나 지금이나 변하지 않았다.

일을 하면서 몇 번쯤은 포기하고 싶었을 때도 있었을 거다. 솔직히 포기 해야 하는 상황의 클라이언트도 있었다. 하지만 그는 쉽게 포기하지 않는다. 열심히 했지만 결과가 좋지 않아 안타까운 경우도 있었다. 하지만 그는 포기하는 일이 없었다. 물론 예외는 있다. 상도에 어긋나는 일은 아무리 큰 떡이라 해도 과감히 포기하는 모습을 보였고, 그로 인해서 기존 클라이언트와는 더욱 신뢰 할 수 있는 관계가 됐다.

그는 떡볶이를 좋아하며 직원들의 문자 메시지에 감동 받는다. 그리고 직원들의 경조사에는 한 번도 빠지지 않고 참석한다. 내가 아는 최웅수 대표는 참 인간적인 사람이다. 한 마디로 말해 소박하고 정이 넘치는 사람이다.

사람들은 내가 최웅수 대표와 10년간 일했다고 하면, 이상한 관계가 아닌가 하는, 의심하는 표정을 보내기도 한다. 이런 반응에 그는 '내가 여자 보는 눈이 얼마나 높은데' 라고 말한다. 사실 나도 눈 높다.

최웅수 대표와 나는 이런 농담도 서로 할 정도로 가깝다. 하지만 이런 농담도 최웅수 대표가 정이 많은 사람이기 때문에 가능하다고 생각한다.

그는 내가 일하는 회사의 대표라기 보다 인생의 선배이자 친 오빠 같은 사람이다. 나는 최웅수 대표와 함께 10년을 일했지만 그 시간이 전혀 아깝지 않다. 물론 앞으로도 그럴 것이다.

-모아베이비 마케팅팀 김미자 차장-

열정을 가진 사람으로 기억되고 싶다

나는 이 책을 마무리하면서 또 한번의 감동을 받았다. 출판사와 홍보 팀이 나서서 책 제목을 직원들에게 공모한다는 것이다. 나는 아무리 내가 사장이라지만 얼마나 내게 관심을 가질 것인지, 또 어떤 제목이 공모 될지 쑥스럽기도 하고 부담스럽기도 한 며칠을 보냈다.

그런데 그 바쁜 업무를 보면서도 마흔 한 명의 직원들이 무려 165여 개의 책 제목을 응모했다는 얘기를 들었다. 심지어 제목 고민하느라 날밤까지 샌 직원도 있다고 했다. 감사하고, 고맙고, 미안했다.

사실 내가 여기까지 오게 된 것도 나와 함께 해 준 직원들이 있었기에 가능한 것이고 내가 부족하지만 이런 글을 쓸 수 있었던 것도 그들과 함께 한 시간이 소중했기 때문이다.

사업을 시작한지 7년 여 세월. 그리 긴 시간은 아니지만 그 사이에 국가적으로나 경제적으로 많은 변화가 있어서 큐앤에스가 걸어온 길은 더 험난하고 긴 시간이었던 것 같다.

나는 150만원으로 사업을 시작했다. 물론 150만 원으로 창업했다는 게 중요한 것은 아니다. 얼마나 많은 열정과 노력을 기울였는지, 또한 위기를 헤쳐나가는 지혜가 얼마나 발휘되었는지, 직원들과 하나가 되어 얼마나 마음 따뜻한 회사 분위기를 만들어 왔는지가 더 중요할 것이다.

얼마 전 큐앤에스와 계열사 전직원들과 함께 오산에 있는 연수원에서 '한마음 전진대회' 행사를 가졌다. 단합과 조직력 배양이라는 목표에 맞게 정신 교육과 산악 훈련 등 뜻 깊은 시간을 가졌다. 물론 나도 직원들과 한 조가 돼서 교육을 받았다. 교육을 다 마치고 교관이 나에게 "직원들이 사장님을 침 많이 좋아하는 것 같습니다."라는 말을 했다. 나는 그 말이 너무 기뻤다. 그 동안 힘들고 지쳤던 마음이 순식간에 펴지는 것 같았다.

흔히들 내가 재미도 있지만 카리스마가 있다고도 한다. 나는 카리스마란 권위나 어떤 말투에서 오는 게 아니라 상호 신뢰 속에서 오는 것이라 생각한다. 그런 면에서 내가 카리스마가 있는지는 앞으로 더 두고 봐야 할 것 같다.

나는 이번 책을 통해 나 자신을 돌아볼 수 있었고 나와의 새로운 목표를 설정할 수 있었다. 아울러 나의 뿌리가 무엇이고 내가 잘나서 여기까지 온 것이 아니라 나와 함께 한 직원들과 나의 지인들, 가족들이 내 곁에 있었기 때문이라는 것을 새삼 깨닫는 시간을 가질 수 있었다.

사람이 누군가에게, 또 뭔가 감사할 게 있다는 것은 나에게는 가장 큰 축복이라고 생각한다. 그만큼 나 자신에 대해 겸손하게 되니까 말이다.

나는 앞으로 망할 수도, 더 많이 흥할 수도 있을 것이다. 하지만 앞으로도 나는 성공이란 목표를 향해 검소하고 겸손하며 열정과 초심을 잃지 않는 최웅수가 되기 위해 부단히 노력할 것이다. 그리고 늘 직원들과 약속하는 그대로 혈연, 지연, 학연을 버리고 큐앤에스에 올인 하여 큐앤에스라는 브랜드를 최고로 만들어 갈 것이다.

최웅수는 열정을 가진 사람으로 모든 사람들에게 기억되고 싶다.

2004. 7. 7 **최 웅 수**

저자 약력

글쓴이 최웅수

학력

1984 경성고교 졸업

1992 고려대학교 졸업

2003 서울대학교 경영대학교 최고경영자 과정 수료

약력

1992 이랜드 입사

1994 이랜드 명동지점장 역임

1996 데일카네기 교육 80기 수료

1996 이랜드 그룹 최초 이벤트 사업부 발족

1997

~현재 큐앤에스 대표이사

2002 모아베이비 대표이사

2004 미라스 대표이사

연구실적 및 수상경력

1993 제 1회 이랜드인상 대상 수상

1999 정부선정 정보화촉진기금 선정업체 큐앤에스 지정

2000 큐앤에스 중소기업청 벤처기업인증서 수여

2001 중소기업청 한국경제신문 주관 '창조기업33인' 선정

2001 큐앤에스 한국능률협회 주관 '대한민국 벤처 대상' 수상

2002 큐앤에스 우수기술기업 선정(서울경제신문)

2002 큐앤에스 코리아웹어워즈 시스템 분야 대상 수상

2003 큐앤에스 경기도 중소기업청이 선정 '우수벤처기업 인증'

2004 서울대학교 경영대학 최고경영자과정 공로상

1%의 가능성에 배팅하라

초판 1쇄 발행 | 2004년 7월 16일

지은이 | 최웅수
펴낸이 | 전익균
편집인 | 이호영
기획 진행 교정 | Y's Paper
관리인 | 오정민
펴낸곳 | (주)새빛인베스트먼트
주소 | 서울시 강남구 삼성동 128-22번지 삼혜빌딩 4층
Tel | 555-2257
Fax | 555-2258
홈페이지 | www.saeviti.co.kr
찍은곳 | 대한교과서주식회사
등록 | 제16-3026호
값 | 8,500원

Copyright 2004, (주) 새빛인베스트먼트

ISBN 89-954178-4-6 (03320)